百味人生 1

BAIWEI RENSHENG

主编 刘颖异

上海教育出版社
SHANGHAI EDUCATIONAL
PUBLISHING HOUSE

亲爱的同学，当你打开这本书时，你就开启了一段惬意的旅程。从相遇、相知，到相伴前行，淡淡的书香将一直萦绕在你身边。

在初中语文教材里，你会读到许多名篇佳作，你将会沉浸在充满智慧、有温度的文字世界中，语文素养自然会得到提升。面对神秘奇幻的自然、日新月异的世界、渐趋丰盈的人生，每册教材中的二十几篇课文，恐怕很难再满足你的阅读需求，你的阅读理应更广泛、更自由、更专业。如何让课内外读物有机融合成滋养你成长的沃土？如何让点滴的阅读收获汇聚成助推你遨游书海的动力？我们汇聚全国各地的名师，在研读教材的基础上精选文章，设计帮你实现高效阅读、自主学习的平台和支架……

于是，便有了摆在你面前的这本书。

这本书分为经典诵读、单元学习、整本书阅读三个板块。

第一个板块是“经典诵读”，所选古诗词历久弥新。针对诗词中可能会给你造成阅读障碍的生字难词，我们加注了读音和注释，且辅以专业诵读音频供你赏听以及鉴赏资料供你查阅。希望你能利用每天的晨读或其他课余时间反复诵读，持之以恒，假以时日，定能厚积薄发。

第二个板块是“单元学习”，我们精心挑选了一组与课文主题相关的文章，组合成一个阅读单元，让你在学习课文的基础上拓展阅读更多佳作；针对教材中的每个写作主题，我们也选取了相应的文章（含片段）组成单元，为你的写作指引方向或触发灵感。其中“范文阅读”“组文阅读”“自由阅读”和“类文阅读”四个小标签可提示你采用不同的方式进行阅读。选文之外还附有单元导语、旁批、学习提示、单元学习任务等助读工具，为你的自主阅读提供助力。

带有“范文阅读”标签的文章最贴近教读课文的学习要点，你可以在学过教读课文后，参看这些范文中的旁批和文后的学习提示进行阅读，习得课内所学。

带有“组文阅读”标签的文章都与教读课文主题相关，帮助你在多篇文章的比较阅读中拓宽视野、发展思维、形成能力。阅读时，你可以参看文后的单元学习任务，运用阅读所得解决实际问题，提升语言文字的实际运用能力。

带有“自由阅读”标签的文章与自读课文相关联，你可以根据自己的需要、兴趣自主选择阅读，多读、少读、深读、浅读皆可，如能养成边读边做批注的习惯，你会邂逅更多精彩与惊喜。

带有“类文阅读”标签的是一组与单元写作要求相匹配的文章。这组文章的首篇附有旁批，配合单元写作重点为你的写作实践提供技巧点拨。

第三个板块是“整本书阅读”，推荐书目多为《义务教育语文课程标准（2011版）》中建议初中生阅读的名著。我们设计了“阅读导航”“精彩选篇”“阅读规划”“交流平台”等助读工具，若能激发你的阅读兴趣，为你提供科学的方法指导，助你养成主动阅读整本书的习惯，我们将由衷地感到欣慰。

愿这本书能陪伴着你在阅读的黄金时期，与经典交流，与大师对话，帮助你积累知识，开阔视野，丰富心灵，培育精神，做睿智、优雅的人！

顾之川

经典诵读

第一单元　春天物语

范文阅读

组文阅读

第二单元 冬日印象

范文阅读

组文阅读

第三单元　雨之情思

自由阅读

第四单元　诗词意蕴

范文阅读

组文阅读

第五单元　热爱生活，热爱写作

类文阅读

整本书阅读

在经典中浸润，在诗海中徜徉，让心灵开始一次雅韵悠长的旅程。从《诗经》到宋词，从田园到边塞，从婉约到豪放，从现实主义到浪漫主义……那些作品，或率真质朴，或清幽缠绵，或慷慨刚健，或隽永蕴藉，寄托了中华儿女的家国情怀，传承着博大精深的中华文明。

有了诗词的濡染，我们的学习自当渐入佳境；有了经典的浸润，我们的生活定会异彩纷呈。

扫码收听朗诵音频

1. 风　雨

⊙《诗经·郑风》

风雨凄凄①，鸡鸣喈喈②。既见君子，云胡③不夷④。
风雨潇潇⑤，鸡鸣胶胶⑥。既见君子，云胡不瘳⑦。
风雨如晦⑧，鸡鸣不已⑨。既见君子，云胡不喜。

这是一首风雨怀人之作。诗旨鲜明，诗艺高超。首先，诗人截取了“既见君子”这个生活片段，着力表现苦恋女子的兴奋之情。“云胡不夷”“云胡不瘳”“云胡不喜”，可谓喜出望外，溢于言表，难以形容而不得不形容，故一唱三叹而长歌之。其次，哀景写乐，对比反衬而愈见其乐。每章开头两句，均以风雨、鸡鸣起兴，描绘出阴冷萧索的画面，在这本该是离愁别恨的时候，女子却意外地见到了久别的情人，欢喜之情，可以想见。

---

① 凄凄：寒冷的样子。

② 喈（jiē）喈：鸟和鸣声。此指鸡叫的声音。

③ 云胡：为什么。云，语气助词。

④ 夷：平静；喜悦。

⑤ 潇潇：疾风骤雨的声音。

⑥ 胶胶：通“嘐嘐”。鸡叫的声音。

⑦ 瘳（chōu）：病愈。这里指心情舒畅，如病霍然而愈。

⑧ 晦：昏暗。

⑨ 已：停止。

扫码收听朗诵音频

2. 明月何皎皎

⊙《古诗十九首》

明月何皎皎①，照我罗床帏②。
忧愁不能寐③，揽衣④起徘徊。
客行虽云乐，不如早旋归⑤。
出户独彷徨⑥，愁思当告谁？
引领⑦还入房，泪下沾裳衣⑧。

赏析

此诗通过皎皎明月抒发主人公的愁思。其主题有两种解读：一说塑造了一个久客异乡、愁思辗转、夜不能寐的游子形象；一说刻画了一个独守空闺、愁思难寐、徘徊辗转的闺中女子形象。全诗充分运用动作描写和心理描写，把主人公丰富复杂的情感通过人物的自我意识活动以及由意识而诱发的行动表现了出来，具有文学的形象性，而且更把人物的心理和感情糅合在一起，富有抒情诗的特质。

---

① 皎皎：明亮的样子。

② 罗床帏：指用罗制成的床帐。罗，一种稀疏而轻软的丝织品。

③ 寐：入睡。

④ 揽衣：犹言“披衣”“穿衣”。揽，取。

⑤ 旋归：回转归来。旋，转。

⑥ 彷徨：徘徊。

⑦ 引领：伸着脖子远望。

⑧ 裳（cháng）衣：一作“衣裳”。裳，古代称下身穿的衣裙，男女皆服。

扫码收听朗诵音频

3. 菩萨蛮

⊙〔唐〕李白

平林[①]漠漠烟如织，寒山一带伤心碧。暝色[②]入高楼，有人楼上愁。

玉阶空伫立[③]，宿鸟归飞急。何处是归程？长亭更短亭[④]。

赏析

自古以来，中国人对土地就比较依恋，慢慢形成了安土重迁的心理习惯。因此，出门在外的游子，在中国文学中的形象大都是悲伤忧愁的，充溢着浓郁的思乡之情，而且这种感情最容易在日暮黄昏时产生。如“移舟泊烟渚，日暮客愁新”“夕阳西下，断肠人在天涯”等。李白的这首《菩萨蛮》所表达的也是这种情感。“平林漠漠烟如织，寒山一带伤心碧”写的是日暮时分的平林景色，“伤心”二字写出了看景人的心情。“暝色入高楼，有人楼上愁”中的“愁”字直接点出日暮时分游子的情绪。“玉阶空伫立，宿鸟归飞急”写游子看到鸟急急回巢的情景，不由联想到家中盼自己回去的爱人伫立远望的画面。“何处是归程？长亭更短亭”写游子思家心切，但遥看归家之路，仍是漫漫长途，因而倍加伤感。

---

① 平林：平原上的林木。

② 暝（míng）色：暮色，夜色。

③ 伫（zhù）立：长时间地站着等候。

④ 长亭更短亭：长亭接着短亭。古时于道路每隔十里设长亭，五里设短亭。供行旅停息。更，一作“连”。

扫码收听朗诵音频

4. 阁 夜

⊙〔唐〕杜甫

岁暮阴阳[①]催短景[②]，天涯霜雪霁寒宵。
五更鼓角[③]声悲壮，三峡星河影动摇。
野哭千家闻战伐[④]，夷歌数处起渔樵。
卧龙[⑤]跃马[⑥]终黄土，人事音书漫寂寥。

赏析

这首七言律诗是唐代宗大历元年（766）冬天，杜甫寓居夔州西阁时所作。全诗格调深沉，感情悲愤，鲜明地打上了时代的烙印。

当时吐蕃不断入侵，蜀中军阀又不断混战，导致国势甚微，民无宁日。朝廷又不能起用如诸葛亮那样的杰出人物出来平息动乱、收拾危局。于是，在一个不眠的霜雪之夜，诗人耳闻目睹景象异常，有感于羁旅天涯和人事寂寥，便唱出了这首真挚动人的哀歌。

全诗以写眼前景开篇，以思古发议论作结，中间两联描绘耳目所触。因为诗人是缘情体物，写得形象鲜明；议论又满含情韵，充满感染力量。这就使诗篇的抒情毫无抽象和枯燥之感。

---

① 阴阳：指日月。

② 短景：冬天夜长日短，又言光阴短促。景，日光。

③ 鼓角：战鼓和号角。此指更鼓和号角。

④ 战伐：战争，指蜀中崔旰（gàn）、杨子琳等军阀混战，这时尚未平息。

⑤ 卧龙：指诸葛亮。徐庶曾对刘备说："诸葛孔明者，卧龙也。"

⑥ 跃马：指公孙述，他曾据蜀自称白帝。这里用晋代左思《蜀都赋》中"公孙跃马而称帝"之意。

扫码收听朗诵音频

5. 戏赠友人

⊙〔唐〕贾岛

一日不作诗，心源①如废井。
笔砚为辘轳②，吟咏作縻绠③。
朝来重汲引，依旧得清冷④。
书赠同怀人⑤，词中多苦辛。

这是一首谈诗歌创作的诗。诗人书赠友人，自述其苦吟生活。诗中以汲井比喻作诗，揭示了诗人获得创作灵感的秘密：只要勤奋，坚持诗歌创作，就会获得灵感和诗兴，取得创作的新成就。诗中设喻，带有一种自嘲而又自矜自怜的意味，故题为“戏赠”。

---

① 心源：这里指内心世界。

② 辘轳（lù lú）：汲取井水的木制装置。

③ 縻绠（mí gěng）：套在辘轳上的绳索。

④ 清冷：清凉的井水。比喻诗中的情意。

⑤ 同怀人：志同道合的朋友。这里指致力于作诗的人。

扫码收听朗诵音频

6. 汴河[1]阻冻

⊙〔唐〕杜牧

千里长河初冻时，玉珂[2]瑶珮响参差。
浮生恰[3]似冰底水，日夜东流人不知。

作者在此诗中以冰底之水喻浮生，说此事人不知，意在言人生匆匆而过，难以察觉。然当真“人不知”乎？若“人不知”，何有“玉珂瑶珮响参差”句？缘水冰相击而作玉响，为乐景，人生流逝为哀情，常人难从乐景察出哀情，亦难从哀景中发现乐情。而正如王夫之在《姜斋诗话》中所说：“以乐景写哀，以哀景写乐，一倍增其哀乐。”作者能从乐景中道出人生的无奈，可见其敏感和才情。

① 汴河：通济渠。隋炀帝时，发河南淮北诸郡民众，开掘了名为通济渠的大运河。运河主干在汴水一段，习惯上也呼之为汴河。

② 玉珂：马笼头上的装饰物。多为玉制，也有用贝制的。

③ 恰：一作“却”。

扫码收听朗诵音频

7. 西　施

⊙〔唐〕罗隐

家国[①]兴亡自有时，吴人何苦怨西施？
西施若解[②]倾吴国，越国亡来又是谁？

赏析

历来咏西施的诗篇多把亡吴的根由归之于女色，客观上为封建统治者开脱或减轻了罪责。罗隐这首小诗的特异之处，就是反对这种传统观念，破除了“红颜祸水”的论调，闪射出新的思想光辉。“西施若解倾吴国，越国亡来又是谁？”这两句巧妙地运用了一个事理上的推论：如果说，西施是颠覆吴国的罪魁祸首，那么，越王并不宠幸女色，后来越国的灭亡又能怪罪于谁呢？尖锐的批驳通过委婉的发问语气表述出来，丝毫不显得剑拔弩张，而由于事实本身具有坚强的逻辑力量，读来仍觉锋芒逼人。

① 家国：家与国。亦指国家。

② 解：理解，懂得。

扫码收听朗诵音频

8. 卜算子

⊙〔宋〕李之仪

我住长江头①，君住长江尾②。日日思君不见君，共饮长江水。

此水几时休③？此恨何时已？只愿君心似我心，定不负相思意。

赏析

这是一首语言高度纯净化、寄意深远执着的通俗词作，更是一曲将相思之情抒发到极致的爱情咏叹调。上片四句中三提长江，其中起首两句以江水之头尾将“我”与“君”所处空间阻隔之远开篇点明。长江头与长江尾，巧借长江之“长”妙作山重水复、海角天涯般的隔离之遥。第三句承题突起思字当头，思而不见遂有遐想，生出第四句一水共饮、两情系之的幻象。晚唐诗人姚合有诗《送薛二十三郎中赴婺州》：“我住浙江西，君住浙江东。日日心来往，不畏浙江风。”这两篇同是表达“思念”的佳作，一借风传情，一借水达意，姚合诗在先，李之仪词在后，有所借用，活化用之。下片“此水几时休”一句，承上而紧扣长江，“水休”而“恨止”；水无尽而恨恐怕永不止，思恋之深长恰如《长恨歌》所写：“天长地久有时尽，此恨绵绵无绝期。”以上为“我心”，但求将心比心，君心似我心，两情可久长。这是内心世界经过剧烈的冲突翻腾之后深情地吐露出来的，略带几分希冀和忧郁。

---

① 长江头：指长江上游源头。

② 长江尾：指长江下游入海处。

③ 休：停止。和下句中的“已”意思相同。

春天物语

如果说大自然是一位诗人，那么她最美的诗篇就是春。春无言，却处处闻春。青草碧绿、桃花嫣红、春鸟啁啾、泉水叮咚，不经意间，春天醒了。在满眼春光中，春风吹绿了大江南北，春雨滋润了世间万物，人们尘封已久的心绪也随春风扶摇直上，翱翔在蔚蓝的天空，真是风轻云淡意悠闲啊！让人不觉想起了宋代诗人陈与义的诗句："客子光阴诗卷里，杏花消息雨声中。"春之美、春之生机，不言而喻。

阅读本单元文章，请反复朗读自己喜欢的篇章，重视重音和停连的练习，读出作者所表达的情感，积累优美的写景语句。比喻和拟人的修辞手法在本单元文章中运用较多，请结合相关语句，体会其表达效果。

1. 我们把春天吵醒了

⊙冰　心

季候上的春天，像一个困倦的孩子，在冬天温暖轻软的绒被下，安稳地合目睡眠。

但是，向大自然索取财富、分秒必争的中国人民，是不肯让它多睡懒觉的！六亿五千万人商量好了，用各种洪大的声音和震天撼地的动作来把它吵醒。

大雪纷飞。砭骨[①]的朔风，扬起大地上尖刀般的沙土……我们心里带着永在的春天，成群结队地在祖国的各个角落里，去吵醒季候上的春天。

我们在矿山里开出了春天，在火炉里炼出了春天，在盐场上晒出了春天，在纺机上织出了春天，在沙漠的铁路上筑起了春天，

“困倦的孩子”“轻软的绒被”“合目睡眠”，作者用形象的语言描绘了春天醒来前的样子。

有感情地朗读课文，我们可以借助朗读符号，将语句中的重音、停连、情感变化等组织起来，提高朗读水平。

“﹏”悠扬重读

“.”重音

“︵”拖音

“ˇ”停顿

“ˆ”连接

选取文章中你喜欢的段落，标注一下并朗读。

① 砭（biān）骨：刺骨，形容极为痛苦或寒冷。

在汹涌的海洋里捞出了春天，在鲜红的唇上唱出了春天，在挥舞的笔下写出了春天……

运用排比的修辞手法，描写了社会主义劳动建设的场景，赞美了“我们”“吵醒春天”的热情。“我们”用了什么办法“吵醒”春天？后文还有哪些声音在“吵醒”春天？

春天揉着眼睛坐起来了，脸上充满了惊讶的微笑：“几万年来，都是我睡足了，飞出冬天的洞穴，用青青的草色，用潺潺的解冻的河流，用万紫千红的香花……来触动你们，唤醒你们。如今一切都翻转了，伟大啊，你们这些建设社会主义的人们！”

作者笔下的春天是一个活生生的人，“揉”“坐”“惊讶”等词语写出了“被吵醒”的春天的动作、情态。春天的“语言”更表现了春天来到的生机勃勃和人们建设的热情。

春天，驾着呼啸的春风，拿起招展的春幡[①]，高高地飞起了。

哗啦啦的春幡吹卷声中，大地上一切都惊醒了。

昆仑山，连绵不断的万丈高峰，载着峨峨的冰雪，插入青天。热海般的春气围绕着它，温暖着它，它微笑地欠伸了，身上的雪衣抖开了，融化了。亿万粒的冰珠松解成万丈的洪流，大声地欢笑着，跳下高耸的危崖，奔涌而下。它流入黄河，流入长江，流入银网般的大大小小的江河。在那里，早有亿万个等得不耐烦的、包着头或是穿着工作服的

春天来临，昆仑山冰雪消融，春水汇集，洪流浇灌着干渴的大地，慰藉着急于劳作的人们。

① 春幡（fān）：春旗。古时立春之日，立春幡，以示迎春之意。

男女老幼，揎拳撸袖[1]满面春风地在迎接着，把它带到清浅的水库里、水渠里，带到干渴的无边的大地里。

这无边的大地，让几千架的隆隆的翻土机，几亿把上下挥动银光闪烁的锄头，把它从严冬冰冷的紧握下，解放出来了。它敞开黝黑的胸膛，喘息着，等待着它的食粮。

亿万担的肥料：从猪圈里、牛棚里、工厂的锅炉里、人家的屋角里……聚集起来了，一车接着一车，一担连着一担地送来了。大地狼吞虎咽地吃饱了，擦一擦流油的嘴角和脸上的汗珠，站了起来，伸出坚强的双臂来接抱千千万万肥肥胖胖的孩子，把他们紧紧地搂在怀里。

这些是米的孩子，麦的孩了，棉花的孩子……笑笑嚷嚷地挤在这松软深阔的胸膛里，泥土的香气，熏得他们有点发昏，他们不住地彼此摇撼呼唤着叫：“弟兄们，姐妹们，这里面太挤了，让我出去疏散疏散吧！”

这段话运用了比喻、拟人的修辞手法。请你再找一找类似的句子，并体会其表达效果。

隐隐地他们听到了高空中春幡招展的声

① 揎（xuān）拳撸（lū）袖：伸出拳头，挽起袖子。形容准备动手。

音；从千万扇细小的天窗里，他们看到了金雾般的春天的阳光。

他们乐得一跳多高！他们一个劲地往上钻，好容易钻出了深深的泥土。他们站住了，深深地吸了一口春天的充满了欢乐的香气，悠然地伸开两片嫩绿的翅叶。

俯在他们上面，用爱怜亲切的眼光注视着他们的，有包着花布头巾笑出酒窝来的大姑娘，也有穿着工作服的眉开眼笑的小伙子，也有举着烟袋在指点夸说的老爷爷……

原来他们又已经等得不耐烦了！

春天在高空中把这一切都看在眼里。他笑着自言自语地说："这些把二十年当作一天来过的人，你们在赶时间，时间也在赶你们！……"

春天掮[①]上春幡赶快又走他的云中的道路。他是到祖国的哪一座高山、哪一处平原，或是哪一片海洋上去做他的工作，我们也没有工夫去管他了！

照应了标题和开头，"我们"——劳动者用建设的热情唤醒了大地，期盼着社会主义建设春天的来临。

横竖我们已经把春天吵醒了！

---

① 掮（qián）：用肩扛（东西）。

学习提示

《我们把春天吵醒了》是冰心1960年出版的同名散文集中的一篇。文章描绘了早春来临，万物复苏，朝气蓬勃的劳动景象，表现了劳动人民迫切建设社会主义事业的蓬勃热情，抒发了作者对社会主义事业的春天来临的盼望和赞颂之情。

文章运用了比喻、拟人、排比的修辞手法，文字生动活泼，语句轻快，有很强的感染力，适合朗读。

2. 春天最初是闻到的

⊙冯骥才

"站"体现了作者期盼春天到来的迫切，"料峭的寒气"与"春的到来"的反差，也暗示作者感受春天方式的不同和对春天气息理解的独特。

一年一度此时此刻，我都会站在料峭的寒气里，期待着春的到来。

因为我知道，若要"知春"可不能等到"隔岸观柳"，不能等到远远河边的柳林已经泛出绿意，或是那变松变软变得湿漉漉的土地已经钻出草芽——那可就晚了。春的到来远比这些景象的出现早得多，一直早到冬天犹存的天地里。你把冻得发红的鼻子伸进挺凉甚至挺冷的空气里，忽然，一股子清新的、熟悉的、久违的气息，钻进鼻孔，并一下子钻进你的心里。它让你忽然感到天地要为之一新了，你立即意识到春天来了！

你认为作者"闻到"的春天气息有什么特点？

可是，当你伸着鼻子着意一吸，想再闻一闻这神奇的气味时，它又骤然[1]消失，仿

①骤然：突然，忽然。

佛一闪即逝。你环顾四周，仍是一派冬之凋敝[1]，地冻天寒。然而，不知什么地方什么时候，这气味忽又出现。就像初恋之初，你所感受到的那种幸福的似是而非。当你感到“非”时便陷入一片空茫，在你感到“是”时则怦然心动。原来，春天最初是在飘忽不定之中，若隐若现、似有若无。它不是一种形态，而是一种气味，一种气息—— 一种苏醒的大地生命散发出的气息。

春天的气息“飘忽不定”，作者是怎样表现出来的？

这时，你去留心一下。鸟雀们的叫声里是否多了一点兴奋与光亮？那些攀附[2]在被太阳晒暖的墙壁上的藤条，看上去依旧干枯，你用指甲抠一下它黑褐色的外皮，你会发现这茎皮下边竟是鲜嫩鲜嫩的绿。春天不声不响地埋伏在万物之中。这大地表面依旧如同冬天里那样冷寂而肃穆。但春是一种生命。凡是生命都是不可遏止的。生命的本质是生。谁能阻遏[3]生的力量？冬天没有一次关住过春天，也永远不会关住春天。所以在它出现之前，

鸟雀们叫声的不同，干枯藤条茎皮下的鲜嫩，这些不易察觉的景物情态印证了“闻到”的春天气息，也让读者感受到了“生”的力量。

① 凋敝：残缺破败。这里形容百花凋零，一片凄凉的景象。

② 攀附：附着东西往上爬。

③ 阻遏（è）：阻挡，阻止。

已经急不可待地把它的气息精灵一般地散发出来，透露给你。所以，春天最先是闻到的。

对“期待春天与寻找春天”心理的深层感悟。

故此，我喜欢在这个季节里，静下心来去期待春天与寻找春天，体验与享受春之初至那一刻特有的诱惑。这种诱惑是大自然生命的诱惑，也是一种改天换地更新的诱惑。

呼应前文，鼓励人们去寻找春天，改天换地。

去把冻红的鼻子伸进这寒冷的空气中吧。

学习提示

《春天最初是闻到的》是冯骥才2013年出版的同名散文集中的一篇。作者以“知春者”的身份，细腻捕捉了春的“气息”，表现出春之生命力量，表达了对万象更新的春天的期盼。

文章运用了对比手法、细节描写，作者用细腻的笔触表达了对春之气息蕴含的生命力量的感悟。“春天最初是闻到的”，春天更应该用我们的声音“读”出来。

1. 春　风

⊙林斤澜

北京人说："春脖子短。"南方来的人觉着这个"脖子"有名无实，冬天刚过去，夏天就来到眼前了。

最激烈的意见是："哪里会有什么春天，只见起风、起风，成天刮土、刮土，眼睛也睁不开，桌子一天擦一百遍……"

其实，意见里说的景象，不冬不夏，还得承认是春天。不过不像南方的春天，那也的确。褒贬起来着重于春风，也有道理。

起初，我也怀念江南的春天。"暮春三月，江南草长，杂花生树，群莺乱飞。"这样的名句是些老窖名酒，是色香味俱全的。这四句里没有提到风，风原是看不见的，又无所不在的。江南的春风抚摸大地，像柳丝的飘拂。体贴万物，像细雨的滋润。这才草长，花开，莺飞……

北京的春风真就是刮土吗？后来我有了别样的体会，那是下乡的好处。

我在京西的大山里、京东的山边上，曾数度感受"春脖子"。背阴的岩下，积雪不管立春、春分，只管冷森森的，没有开化的意思。是潭、是溪、是井台还是泉边，凡带水的地方，都坚持着冰块、冰砚、冰溜、冰碴……一夜之间，春风来了。忽然从塞外的苍苍草原、莽莽沙漠，滚滚而来。从关外扑过山头，漫过山梁，插山沟，灌山口，呜呜吹号，哄哄呼啸，飞沙走石，扑在窗户上，撒拉撒拉，扑在人脸上，如无数的针扎。

轰的一声，是哪里的河冰开裂吧。嘎的一声，是碗口大的病枝刮折了。有天夜间，我住的石头房子的木头架子，格拉拉、格拉拉响起来，晃起来。仿佛冬眠惊醒，伸懒腰，动弹胳臂腿，浑身关节挨个儿格拉拉、格拉拉地松动。

麦苗在霜冻里返青了，山桃在积雪里鼓苞了。清早，着大靰鞋，穿老羊皮背心，使荆条背篓，背带冰碴的羊粪，绕山嘴，上山梁，爬高高的梯田，春风呼哧呼哧地，帮助呼哧呼哧的人们，把粪肥抛撒匀净。好不痛快人也。

北国的山民，喜欢力大无穷的好汉。到喜欢得不行时，连捎带来的粗暴也只觉着解气。要不，请想想，柳丝飘拂般的抚摸，细雨滋润般的体贴，又怎么过草原、走沙漠、扑山梁？又怎么踢打得开千里冰封和遍地赖着不走的霜雪？

如果我回到江南，老是乍暖还寒，最难将息，老是牛角淡淡的阳光，牛尾蒙蒙的阴雨，整天好比穿着湿布衫，墙角落里发霉，长蘑菇，有死耗子味儿。

能不怀念北国的春风！

1980 年 4 月

2. 听　春

⊙厉彦林

“春打六九头。”又是一年芳草绿，春风十里杏花香。立春第二天，济南下了一场小雪，可谓第一场春雪。春天确实挡也挡不住，走到户外，长长地、深深地吸一口气，异常清爽惬意。在我们不经意间，春天已仙女般飘然而至，春天的大门已经打开，只要屏气凝神地聆听，自然就能听到春天的脚步声越来越近。不小心，思绪在春天的声音中滑倒，与春娃扭成了一团……

春天是万物生发的季节，每时都有新生命在萌动，每刻都有新希望在诞生。春天的脚步是轻盈的、匆忙的，又是舒缓的、美妙的。济南这座城市春脖子特别短，不几天光景，人们就脱下棉衣换上衬衫了。城里的春天，无非是道路两旁的树木由枯到荣、草坪由黄变绿。城市的季节变换主要集中在视觉上，春天的声音已被繁杂的噪音掩埋，令人难以忘怀的还是乡间的春天。闭上眼睛，脑海里悄然展开这样的画卷：天高，云淡，田野空旷，和风拂面，野草如织，野花似锦。春雨绵绵，春雨声声，一场春雨一场暖。细腻柔婉的春雨过后，几朵白云点缀着蔚蓝的天空，密密匝匝的花草探出尖尖的脑袋，青春的希望陡然钻破残雪覆盖的土层。记得我童年的时候，农家日子紧巴，一下雨河边就齐刷刷地冒出苦菜、灰菜、马齿苋[①]、荠荠菜、野韭菜、野葱等可以充饥的野菜。河岸柳林含烟，所有的花草都在风中翩然洒脱地舞蹈，一幅北国早春画卷徐徐展开，透出久违的清韵、旷达与飘逸，还有不尽的淡雅与从容。

暖洋洋的东南风一吹，动物也从酣睡中苏醒了。催春的布谷鸟从田野掠过，我分明看到它的翅膀上写着的艰辛与沧桑。小燕子拖着剪刀似的尾巴，衔着春光，呢喃着返回家乡，有的衔泥筑巢，有的嬉戏云间，舞姿翩跹[②]。河湖上的冰开始消融，在水底下憋了一冬的鱼儿欢快地跃出水面。勤快的鸟儿吵醒花草憋闷一冬的梦。山前屋后，报春花、玉兰花、桃花、杏花、梨花摇曳一树的金黄、粉红、雪白，引来蝶飞蜂舞。蜜蜂嗡嗡地忙碌着，蝴蝶俊美的翅羽扇动缕缕清香。知名和不知名的昆虫，弹奏着此起彼伏、高低宏细、灵性各异的美妙乐章，成为春天开篇的绝唱。鹅妈妈带着一群披着淡黄色绒毛外衣的小鹅在学游泳，稚嫩的叫声划碎盈荡的水面。

树木新抽的枝条，像一双双挥动着的手臂，在拥抱新娘般的

① 马齿苋（xiàn）：一年生草本植物，茎匍匐地面，叶子小，倒卵形，花小，黄色。茎叶可以吃，也可入药。

② 翩跹（xiān）：形容舞姿轻快飘逸。

春天。此时，人们可以静静地坐着或者躺着，尽情沐浴暖洋洋的春光，享受春风的飘逸和轻柔，咀嚼阳光的味道。河岸上的男童，劈下几根光滑的嫩柳条，小心翼翼地拧开绿树皮，抽出里面那白花花的枝干，剩下外面绿油油的皮，制作成柳笛、柳哨、柳号，然后再做一顶柳帽。一群穿着红裙子的孩子正在远处的草地上雀跃，“春天在哪里呀，春天在哪里”的童稚歌声悠悠飘来。不远处，头上别着野花的大姑娘、小媳妇在畦垄间追逐、嬉闹，采野花，挖野菜，银铃般的笑声萦绕在空旷的田野。农民开始耕田播种，累了就坐在田头喝碗水、歇歇脚，片刻之后，张开喉咙，长吸一口气，吆喝起野味十足的赶牛调，粗犷的山歌如烈性老白干，把田野灌醉了。那清脆的笛声、笑声，哗哗的河水声，粗犷的吆喝声，汇集成和谐优美的乡间协奏曲。

春风在跑，春雨在飘，野草在舞，野花在笑，大自然的春天降临了。寒冬过后是暖春。只要我们用耳朵听，用心听，用生命听，用灵魂听，就必定倾听到春天的脚步声，烦恼和疲倦顿时烟消云散，自由豪放的心境融入自然，在春天里绽放律动的生命和蓬勃的希望。春天从不吝啬春光和春色，春天的脚步正与心灵合弦、与时代合拍，带着我们的梦想，奔向阳光的方向。万物接受着春天的恩泽，点燃刻骨铭心的激情与五彩斑斓的梦想。

春天的脚步，是生命自由舒展的胎音，是大自然永恒的心跳和铿锵[①]的脉搏，是春天豪放的歌声和庄严的承诺。

① 铿锵（kēng qiāng）：形容声音响亮而有节奏。

3. 春天的梦（节选）

⊙苏叔阳

黎明，窗外飘着雪花，静静地，静静地……啊，多像梦的使者。蓦地，几行诗句涌上心头：

闪亮的雪花，轻柔晶莹，
每一片都是一个温馨的梦。
让树枝看见了新绿，
让街道看见了浓荫。
哦，在这落雪的早晨，
我忽地闻到了丁香的芬芳，
听见了蜜蜂的歌唱……

春天是可爱的吗？特别是在这里，短促得犹如蜉蝣的生命，只一闪，就是烈日炎炎的夏天。

春天是值得留恋的吗？特别是在这里，常常有漫天的风沙，吹干你生命的汁液。

但我还是喜爱她，像喜爱我最倾心的恋人；我还是执拗地追寻她，像追寻早已消逝了的我的童年。

因为再短促的春天，也还是春天，可以看得见积雪里萌生的小草，枯枝上吐出的嫩蕾。可以看见绿色，这生命最基本的色素；可以看见鲜红，这滚烫的血液的火焰。而没有了色彩，也就没有了旋律，没有了诗歌，没有了舞蹈，没有了运动，没有了一切！春天赋予世界以色彩，赋予希望，赋予未来。

再寒冷的春天，也还是春天。只要挺得过那风沙，人们总会脱去厚厚的外装，活动一下僵硬的躯体，唤醒沉睡在灵魂里的种种追求。

因为有了对春天的渴慕，对春天的梦想，我忍耐住了许多寒冬。

三十多年前的一个冬天。那时候好像比现在冷得多。那时我还是个孩子。可我觉得一切都没有希望。我曾在作文里发过“人生如梦”的叹息。我那时只有十岁呀。可是春风吹开了故都的城门，也廓清了我心灵上的迷雾。我真的像一棵小草伸出了青春的嫩芽，一条铺满鲜花的道路在我的面前伸展开来。从那时起，我知道了春天与希望同在，春天与温暖俱来。哦，我怀念，怀念那给了我们民族和我们民族所有子孙以幸福、以理想的1949年的春天。

我也还记得过了二十年后的那个严冬。我在长城以外的一个荒凉的村庄，接受劳动再教育，我记得那带着冰碴的红高粱面糊糊，记得那缩肩拱背的农民木然的眼睛，记得那阳坡下避风的土洞。在那儿，眼光木然的农民为我烧起一小堆用枯叶燃起的野火，烤暖我的脚，烤暖我的心，送给我一个烤熟的土豆。在那儿，我曾经蜷缩着睡去，梦见了春天：淙淙的水，摇曳的花。梦见妻子温柔的手臂，小儿子的笑脸——他那时刚刚出生不久。靠了春天的梦，我熬过了那段艰苦的岁月。

又是一个春天。祖国的大地被泪水漂起，人们哭诉一个巨人的长睡，仿佛他带走了所有的人内心里对春天可怜的梦幻。然而，春天毕竟来了，虽然迟了，虽然挟着风沙，虽然难免还残留着严冬的寒气。可她毕竟是春天。

地球上不能没有春天，人生里不能没有梦幻。我愿春风把梦吹撒到一切人的心头。

我们不能苛求春天，因为春天是冬天的产儿。她有母体的印痕，但她不同于母亲。她娇嫩、柔弱，可她有长长的未来，她的每一个细胞都是希望的种子。严冬所诞生的并不是严冬。因此，人类才向她呼唤，才把她赞颂。

晶莹的雪花，正在为春天铺下襁褓，阵阵的鞭炮正在为春天催生。我在梦中焦渴地呼唤着春天，又将在春天里编织新的梦幻。

啊，祖国的春天哪，家乡的春天哪！就算你短促到只有一瞬，为了这一瞬里所凝集、所包容的未来的一切，我也愿意献出我的生命。

春天快来吧！

4. 春天是一点一点化开的

⊙迟子建

立春的那天，我在电视中看到，杭州西子湖畔的梅花开了。粉红的、雪白的梅花，在我眼里就是一颗颗爆竹，噼啪噼啪地引爆了春天。我想这时节的杭州，是不愁夜晚没有星星可看了，因为老天把最美的那条银河，送到人间天堂了。

而我这里，北纬五十度的地方，立春之时，却还是零下三十度的严寒。早晨，迎接我的是一夜寒流和冷月，以及凝结在玻璃窗上的霜花。想必霜花也知道节气变化了吧，这天的霜花不似往日的，总是呈树的形态。立春的霜花团团簇簇的，很有点花园的气象。你能从中看出喇叭形的百合花来，也能看出重瓣的玫瑰和单瓣的矢车菊来。不要以为这样的花儿一定是银白色的，一旦太阳从山峦中升起来，印着霜花的玻璃窗就像魔镜一样，散发出奇诡的光辉了。初升的太阳先是把一抹嫣红投给它，接着，嫣红变成橘黄，霜花仿佛被蜜浸透了，让人怀疑蜜蜂看上了这片霜花，把它们辛勤的酿造洒向这里了。再后来，太阳升得高了，橘黄变成了鹅黄，霜花的颜色就一层层地淡下去、浅下去，成了雪白了，它们离凋零的时辰也就不远了。因为霜花的神经，最怕阳光温暖的触角了。

虽然季节的时针已指向春天了，可在北方，霜花却还像与主子有了感情的家奴似的，赶也赶不走。什么时候打发了它们，大地才会复苏。四月初，屋顶的积雪开始消融，屋檐在白昼滴水了，霜花终于熬不住了，抬脚走了。它这一去也不是不回头，逢到寒夜，它又来了。不过来得不是轰轰烈烈的，而是闪闪烁烁地隐现在窗子的边缘，看上去像是一树稀疏的梅。四月底，屋顶的雪化净、林间的积雪也逐渐消融的时候，霜花才彻底丢了魂儿。

在大兴安岭，最早的春色出现在向阳山坡。嫩绿的草芽像绣花针一样顶破丰厚的腐殖质土，要以它的妙手给大地绣出生机时，背阴山坡往往还有残雪呢。这样的残雪，还妄想着做冬的巢穴。然而随着冰河乍裂，达子香花开了，背阴山坡也绿意盈盈了，残雪也就没脸再赖着了。山前山后，山左山右，是透着清香的树、烂漫的山花和飞起飞落的鸟儿。那蜿蜒在林间的一道道春水，被暖风吹拂得起了鱼苗似的波痕。投在水面的阳光，便也跟着起了波痕，好像阳光在水面打起蝴蝶结了。

我爱这迟来的春天。因为这样的春天不是依节气而来的，它是靠着自身顽强的拼争，逐渐摆脱冰雪的桎梏[①]，曲曲折折地接

---

① 桎梏（zhì gù）：刑具，脚镣和手铐。比喻束缚压制人或事物的东西。

近温暖，苦熬出来的。也就是说，北国的春天，是一点一点化开的。它从三月化到四月甚至五月，沉着果敢、心无旁骛，直到把冰与雪安葬到泥土深处，然后让它们的精魂又化作自己根芽萌发的雨露。

春天在一点一点化开的过程中，一天天地羽翼丰满起来了。待它可以展翅高飞的时候，解冻后的大地，又怎能不做了春天的天空呢！

三山五岳

“三山五岳”的提法，在我国古代很早就出现了。传说中的“三山”因是“神仙”居住的地方，格外受到古人的神往。

一种流传最广的说法认为，“三山”是指三神山，即古代传说中的东海蓬莱、方丈、瀛洲三山，总称“三神山”。据说山上长有长生药，宫殿都是用黄金、白银建造的。而“五岳”是指我国的五大名山，它们是东岳泰山、北岳恒山、中岳嵩山、西岳华山和南岳衡山。

现在所说的三山五岳，泛指我国的名山、群山，也泛指各地。

5. 春满燕园

⊙季羡林

燕园花事渐衰。桃花、杏花早已开谢。一度繁花满枝的榆叶梅现在已经长出了绿油油的叶子。连几天前还开得像一团锦绣似的西府海棠，也已落英缤纷、残红满地了。丁香虽然还在盛开，灿烂满园，香飘十里，但已显出疲惫的样子。北京的春天本来就是短的，“雨横风狂三月暮，门掩黄昏，无计留春住。”看来春天就要归去了。

但是人们心头的春天却方在繁荣滋长。这个春天，同在大自然里的春天一样，也是万紫千红、风光旖旎的。但它却比大自然里的春天更美、更可爱、更真实、更持久。郑板桥有两句诗：“闭门只是栽兰竹，留得春光过四时。”我们不栽兰，不种竹；我们就把春天栽种在心中，它不但能过今年的四时，而且能过明年、后年、不知多少年的四时，它要常驻我们心中，成为永恒的春天了。

昨天晚上，我走过校园。四周一片寂静，只有远处的蛙鸣划破深夜的沉寂。黑暗仿佛凝结了起来，能摸得着，捉得住。我走着走着，蓦地看到远处有了灯光，是从一些宿舍的窗子里流出来的。我心里一愣，我的眼睛仿佛有了神力，透过墙壁，就看了进去。我看到一位年老的教师在那里伏案苦读。他仿佛正在写文章，想把几十年的研究心得写下来，丰富我们文化知识的宝库。他又仿佛是在备课，想把第二天要讲的东西整理得更深刻、更生动，让青年学生获得更多的滋养。他也可能是在看青年教师的论文，想给他们提些意见，共同切磋琢磨。他时而低头沉思，时而抬头微笑。对他说来，这时候，除了他自己和眼前的工作以外，宇宙万物都似乎不存在，他完完全全陶醉于自己的工作中了。

今天早晨，我又走过校园。这时候，晨光初露，晓风未起。浓绿的松柏，淡绿的杨柳，大叶的杨树，小叶的槐树，成行并列，相映成趣。未名湖绿水满盈，不见一条皱纹，宛如一面明镜。还看不到多少人走路，但从绿草湖畔，丁香丛中，杨柳树下，土山高头却传来一阵阵朗诵外语的声音。倾耳细听，俄语、英语、梵语、阿拉伯语等，依稀可辨。在很多地方，我只是闻声而不见人。但是仅仅从声音里也可以听出那种如饥如渴迫切吸收知识、学习技巧的炽热心情。这一群男女大孩子仿佛想把知识像清晨的空气和芬芳的花香那样一口气吸了下去。我走进大图书馆，又看到一群男女青年挤坐在里面，低头做数学或物理化学的习题。也都是全神贯注，鸦雀无声。

我很自然地就把昨天夜里的情景同眼前的情景联系了起来。年老的一代是那样，年轻的一代又是这样。还能有比这更动人的情景吗？我心里陡然充满了说不出的喜悦。我仿佛看到春天又回到园中：繁花满枝，一片锦绣。不但已经开过花的桃树和杏树又开出了粉红色的花朵，连根本不开花的榆树和杨柳也满树红花。未名湖中长出了车轮般的莲花。正在开花的藤萝颜色显得格外鲜艳。丁香也是精神抖擞，一点也不显得疲惫。总之是万紫千红，春色满园。

这难道仅仅是我一个人的幻象吗？不是的，这是我心中那个春天的反映。我相信，住在这个园子里的绝大多数的教师和同学心中都有这样一个春天，眼前也都看到这样一个春天。这个春天是不怕时间的。即使到了金风送爽、霜林染醉的时候，到了大雪漫天、一片琼瑶的时候，它也会永留心中，永留园内，它是一个永恒的春天。

1962年5月11日

6. 江南的春天

⊙梁 衡

今年春节时正在江西上饶。信江浩浩荡荡，穿城而过。晨起无事信步江畔。

气象信息显示，北京今天的最高温度只有零下 2 摄氏度，北方应该是冰雪茫茫、草木枯黄的吧。而这里却是一片绿色。石缝里挑出一枝不知名的草，开着一朵淡黄色的花。想北京，玉兰花是每年春回大地时较明显的标志，印象最深的是每年 3 月“两会”召开的时节，中南海红墙外的玉兰树才努力鼓出一些花蕾，也偶尔会绽开几朵。算一下日子，今天才是 2 月 5 日，还差接近一个月呢。这路边玉兰树上的花苞已经鼓得快撑不住了，有几朵已在枝头怒放，如翩翩起舞的蝴蝶。远处有一团迷迷蒙蒙的红雾。走近一看，是一株山桃，已绽开细碎的花瓣，正乱红无数落满地。

最有趣的是江边的柳树，细长的枝条上，还挂着去冬没有落尽的叶子，只是略微有一点儿发黄，而褪去叶子的枝梢处却鼓出了今年的新芽，有那性急的还绽开了嫩叶。不由想起清人张维屏的两句诗：“造物无言却有情，每于寒尽觉春生。”寒尽春生，多么有趣的现象，令我陷入了沉思，不由吟哦出一首小诗《江南春柳》：

去冬残叶仍缀枝，
今春新芽又鼓蕾。
时光不觉暗中度，
生命悄悄在轮回。

穿过柳树行子，闪出一团耀眼的金黄。我想那大概是北方每年最早开的迎春花吧。走近一看，却是一丛蜡梅。这是比迎春还早的花儿，不必等到春天，在腊月里就能开放。但在北方，为了抵御风寒，她的花朵表面生有一层蜡质，这也难免遮掩了她的容颜，所以叫“蜡梅”。而我今天看到的蜡梅却褪去了蜡衣，水灵灵的，一串儿笑声在枝头。

还有，北方春色最典型的镜头是飞雪飘飘和在一片枯黄中悄悄露出的草芽。韩愈诗：“新年都未有芳华，二月初惊见草芽。白雪却嫌春色晚，故穿庭树作飞花。”韩愈说的是中原，如果再往西北呢？像我当年生活过的内蒙古西部，“千里黄云白曰曛”，这些年由于绿化造林，虽说生态大有好转，但枯黄寒冷的底色是不会变的。而这里，涌动着的春色却是在一个大红大绿的深色背景中悄悄搬演。江南的树叶一律比北方的阔大、宽厚，绿得发黑。在江边的马路旁，在小区的院子里，这个时节还不开花的乔木，香樟、广玉兰、桂花、含笑、梓树，还有较矮的绿篱植物石楠、夹竹桃、八爪金盘都黛绿油亮。然后，那一行行如仪仗队式的茶花树，在浓密厚重的绿叶间怒放着艳红的花朵，有男人的拳头那么大。这花红得像谁在绿丛间泼了一团红墨，浓得化不开。以至于我几次想照一张花朵的特写，在镜头里却总难分清花瓣的纹路和层次。比茶花更人高马大的，是一行行的柚子树，自然也是稠密厚重的枝叶。不过，在密叶深处却高悬着几颗去秋还未摘去的黄柚。如果把这一望浓重的黛绿比作是深邃的夜空，那么这穿越去冬而来的柚子，就是明亮的来自遥远夜空的星星。他们在春的门槛上，隆重地目送着过去的岁月，并迎接春的到来。

南北之春，除了生命的涌动及其背景的不同，便是空气的湿度了。我住到这里已经一个月了，能记得起的见到太阳的日子也就三五天吧。整个世界就这样沐浴在绵绵细雨中。唐朝诗人杜牧的名句“南朝四百八十寺，多少楼台烟雨中”，辛弃疾的后半生在上饶度过，他也有词写上饶之春“东风吹雨细于尘”。雨，比尘还细，如烟一样的轻软缥缈，罩着人间，当然也罩着所有的树木花草。我记得在北京时，林业界的朋友说，北方的树其实不是被冻死的，主要是被春天的干风抽死的。你仔细观察，春天时树梢头一般都会被抽干三五寸。而这里却急着要发芽。在北方，春雨贵如油；在这里，则整天整月的雨从天降，如烟如织。那些绿色的生命，岂止是只靠根部来吸收水分，它浑身的每一个细胞，都在呼吸着天地间的湿润。怎么能不叶绿花红呢?

我舒坦地伸开双臂，拥抱天地，正无边“喜雨”潇潇下，一江春水向东流。

2019 年 2 月

7. 故园春（节选）

⊙柯　灵

故乡的三月，是田园诗中最美的段落。

桃花笑靥迎人，在溪边山脚，屋前篱落，浓淡得宜，疏密有致，尽你自在流连，尽情欣赏，不必像上海的摩登才子，老远地跑到香烟缭绕的龙华寺畔，向卖花孩子手中购取，装点风雅。

冬眠的草木好梦初醒，抽芽，生叶，嫩绿新翠，妩媚得像初熟的少女，不似夏天的蓊蓊郁郁，少妇式的丰容盛鬋。

油菜花给遍野铺满黄金，紫云英染得满地妍红，软风里吹送着青草和豌豆花的香气，燕子和黄莺忘忧的歌声……

这大好的阳春景色，对大地的主人却只有一个意义："一年之计在于春。"春天对乡下人不代表诗情画意，却孕育着梦想和希望。

天寒地裂的严冬过去了。忍饥挨冻总算又挨过一年。自春徂秋，辛苦经营的粮食——那汗水淘洗出来的粒粒珍珠，让"收租老相公"开着大船下乡，升较斗量，满载而去。咬紧牙齿，勒紧裤带，渡过了缴租的难关、结账还债的年关，好不容易春天姗姗地来了。

谢谢天！现在总算难得让人缓过一口气，脱下破棉袄，赤了膊到暖洋洋的太阳下做活去。

手把锄头，翻泥锄草，一锄一个美梦，巴望来个难得的好年景。虽说惨淡的光景几乎年不如年，春暖总会给人带来一阵欢悦和松爽。

在三月里，日子也会照例显得好过些。“春花”起了：春笋正好上市，豌豆蚕豆开始结荚，有钱人爱的就是尝新；收过油菜籽，小麦开割也就不远。春江水暖，鲜鱼鲜虾正在当令，只要你有工夫下水捕捞。……干瘪的口袋活络些了，但一过春天，就得准备端午节还债，准备租牛买肥料，在大毒日头底下去耘田种稻。挖肉补疮，只好顾了眼前再说。

家里有孩子的，便整天被打发到垄头坡上，带一把小剪刀、一只篾青小篮子，三五结伴，坐在绿茸茸的草场上，细心地从野草中间剪荠菜、马兰头、黄花麦果，或者是到山上去摘松花，一边劳动，一边唱着顽皮的歌子消遣……

因为大自然的慷慨，这时候田事虽忙，不算太紧，日子也过得比较舒心。——在我们乡间，种田人的耐苦胜过老牛；无论你苦到什么地步，只要有口苦饭，便已经心满意足了。“收租老相公”的生活跟他们差得有多远，他们永远想不到，也不敢想。——他们认定一切都命中注定，只好逆来顺受，把指望托付祖宗和神灵。

在三月里，乡间敬神的社戏特别多。

按照历年的例规，到时候自会有热心的乡人为首，挨家着户募钱。农民哪怕再穷，也不会吝惜这份捐献。

演戏那天，村子里便忙忙碌碌，热火朝天。家家户户置办酒肴香烛，乘便祭祖上坟，朝山进香。午后社戏开场，少不更事的姑娘嫂子们，便要趁这一年难得的机会，换上红红绿绿的土布新衣，端端正正坐到预先用门板搭成的看台上去看戏。但家里的主人主妇，却很少有能闲适地去看一会儿戏的，因为他们得小心张罗，迎接客人光降。

镇上的佃主也许会趁扫墓的方便，把上坟船停下来看一看戏，这时候就得赶紧泡好一壶茶，送上瓜子花生，乡间土做的黄花果糕、松花饼；傍晚时再摆开请过祖宗的酒肴，殷勤留客款待。

夜戏开锣，戏场上照例要比白天热闹得多。来看戏的，大半是附近村庄的闲人，镇上那些米店、油烛店、杂货店里的伙计。看过一出开场的“夺头”（全武行），各家的主人便到戏台下去找寻一些熟识的店伙先生，热心地拉到自己家里，在门前早用小桌子摆好菜肴点心，刚坐下，主妇就送出大壶“三年陈”，在锣鼓声里把客人灌得大醉。

他们用最大的诚心邀客，客人半推半就：“啊哟，老八斤，别拉啊，背心袖子也给拉掉了！”到后却总是大声笑着领了情。这殷勤有点用处，端午下乡收账时可以略略通融，或者在交易中沾上一点儿小便宜。

在从前，演戏以外还有迎神赛会。

迎起会来，当然更热闹非凡。我们家乡，三月里的张神会最出名，初五初六，接连两天的日会夜会，演戏，走浮桥，放焰火，那狂欢的景象，至今梦里依稀。可是这种会至少有七八年烟消火灭，现在连社戏也听说演得很少。农民的生计一年不如一年，他们虽然还信神，但也无力顾及这些了。——今年各处都在举行“新生活运动”提灯会，起先我想，故乡的张神会也许会借此出迎一次吧？可是没有。只是大地春回，一年一度，依然多情地到茅檐草庐访问。

春天是使人多幻想、多做梦的。那些忠厚的农民，一年一年地挣扎下来，这时候又像遍野的姹紫嫣红，编织他们可怜的美梦了。

在三月里，他们是兴奋的、乐观的；一过了三月，他们便要在现实的灾难当中，和生活做艰辛的搏斗了。

一九三四年春

8. 维也纳春天的三个画面

⊙冯骥才

你一听到青春少女这几个字，是不是立刻想到纯洁、美丽、天真和朝气？如果是这样你就错了！你对青春的印象只是一种未做深入体验的大略的概念而已。青春，它是包含着不同阶段的异常丰富的生命过程。一个女孩子的十四岁、十六岁、十八岁——无论她外在的给人的感觉，还是内在的自我感觉，都绝不相同；就像春天，它的三月、四月和五月是完全不同的三个画面。你能从自己对春天的记忆里找出三个画面吗？

我有这三个画面。它不是来自我的故乡故土，而是在遥远的维也纳三次旅行中的画面定格，它们可绝非一般！在这个用音乐来召唤和描述春天的城市里，春天来得特别充分、特别细致、特别蓬勃，甚至特别震撼。我先说五月，再说三月，最后说四月，它们各有一次叫我的心灵感到过震动，并留下一个永远具有震撼力的画面。

五月的维也纳，到处花团锦簇，春意正浓。我到城市远郊的山顶上游玩，当晚被山上热情的朋友留下，住在一间简朴的乡村木屋里，窗子也是厚厚的木板。睡觉前我故意不关严窗子，好闻到外边森林的气味，这样一整夜就像睡在大森林里。转天醒来时，屋内竟大亮，谁打开的窗子？正诧异着，忽见窗前一束艳红艳红的玫瑰。谁放在那里的？走过去一看，呀，我怔住了，原来夜间窗外新生的一枝缀满花朵的红玫瑰，趁我熟睡时，一点点将窗子顶开，伸进屋来！它沾满露水，喷溢浓香，光彩照人。它怕吵醒我，竟然悄无声息地又如此辉煌地进来了！你说，世界上还有哪一个春天的画面更能如此震撼人心？

那么，三月的维也纳呢？

这季节的维也纳一片空蒙。阳光还没有除净残雪，绿色显得分外吝啬。我在多瑙河边散步，从河口那边吹来的凉丝丝的风，偶尔会感到一点春的气息。此时的季节，就凭着这些许的春的泄露，给人以无限期望。我无意中扭头一瞥，看见了一个无论多么富于想象力的人也难以想象得出的画面——

几个姑娘站在岸边，她们正在一齐向着河口那边伸长脖颈、眯缝着眼、噘着芬芳的小嘴，亲吻着从河面上吹来的捎来春天的风！她们做得那么投入、倾心、陶醉、神圣，风把她们的头发、围巾和长长衣裙吹向斜后方，波浪似的飘动着。远看就像一件伟大的雕塑。这简直就是那些为人们带来春天的仙女们啊！谁能想到用心灵的吻去迎接春天？你说，还有哪个春天的画面，比这更迷人、更诗意、更浪漫、更震撼？

我心中的画廊里，已经挂着维也纳三月和五月两幅春天的图画。这次恰好在四月里再次访维也纳，我暗下决心，无论如何也要找到属于四月这季节的同样强烈动人的春天杰作。

开头几天，四月的维也纳真令我失望。此时的春天似乎只是绿色连着绿色。大片大片的草地上，没有五月那无所不在的明媚的小花。没有花的绿地是寂寞的。我对驾着车一同外出的留学生小吕说：

"四月的维也纳可真乏味！绿色到处泛滥，见不到花儿，下次再来非躲开四月不可！"

小吕听了，就把车子停住，叫我下车，把我领到路边一片非常开阔的草地上，然后让我蹲下来扒开草好好看看。我用手拨开草一看，大吃一惊：原来青草下边藏了满满一层花儿，白的、黄的、紫的，纯洁、娇小、鲜亮，这么多、这么密、这么辽阔！它们比青草只矮几厘米，躲在草下边，好像只要一努劲，就会齐刷刷地全冒出来……

"得要多少天才能冒出来？"我问。

"也许过几天，也许就在明天。"小吕笑道，"四月的维也纳可说不准，一天换一个样儿。"

可是，当夜冷风冷雨，接连几天时下时停，太阳一直没露面儿。我很快就要离开这里去意大利了，便对小吕说：

"这次看不到草地上那些花儿了，真有点遗憾呢，我想它们刚冒出来时肯定很壮观。"

小吕驾着车没说话，大概也有些怏怏然吧。外边毛毛雨点把车窗遮得像拉了一道纱帘。可车子开出去十几分钟，小吕忽对我说：“你看窗外——”隔过雨窗，看不清外边，但窗外的颜色明显地变了：白色、黄色、紫色，在窗上流动。小吕停了车，手伸过来，一推我这边的车门，未等我弄明白是怎么回事，便说：

“去看吧——你的花！”

迎着细密地、凉凉地吹在我脸上的雨点，我看到的竟是一片花的原野。这正是前几天那片千千万万朵花儿藏身的草地，此刻一下子全冒出来，顿时改天换地，整个世界铺满全新的色彩。虽然远处大片大片的花已经与蒙蒙细雨融在一起，低头却能清晰地看到每一朵小花，在冷雨中都像英雄那样傲然挺立，明亮夺目，神气十足。我惊奇地想：它们为什么不是在温暖的阳光下冒出来，偏偏在冷风冷雨中拔地而起？小小的花居然有此气魄！四月的维也纳忽然叫我明白了生命的意味是什么，是——勇气！

这两个普通又非凡的字眼，又一次叫我怦然感到心头一震。这一震，便使眼前的景象定格，成为四月春天独有的壮丽的图画，并终于被我找到了。

拥有了这三幅画面，我自信拥有了春天，也懂得了春天。

单元学习任务

任务一

还记得《春天在哪里》这首儿歌吗？春天在作家的笔下流淌，春天藏在你我的心中。阅读完本单元文章后，请摘录打动你的描写“春天”的语句，朗读并说说你的感受。

文章标题	语句摘录及感受
	语句：
	感受：
	语句：
	感受：
	语句：
	感受：

任务二

本单元文章多处运用比喻和拟人的修辞手法，请勾画相应语句，小组内朗读交流，着重理解通过修辞表现事物特征及情感的效果。可选择一些运用修辞的语句，说说它们若不用修辞如何表达，在比较中体会修辞手法的作用，并尝试做一些旁批（在正文旁边写评语）。

文章标题及相应语句	旁批
文章标题： 相应语句：	
文章标题： 相应语句：	
文章标题： 相应语句：	

任务三

选出你最喜欢的段落，标注朗读符号，精心设计朗读脚本，召开一次“春之物语”朗诵会，读出春天的美丽。

冬日印象

寒来暑往，秋收冬藏。冬如韬光养晦的君子，含而不露；如身着素服的天使，淡雅恬静。冬承接秋的豪情，把晶莹剔透的雪花撒向广阔的大地，将一切喧嚣隐藏起来。冬渴望春的华彩，用高亢呼啸的寒风清理所有沉积的过往，酝酿着来年春与夏的欢乐和热情。在不同的地域，冬又带给人不同的回忆，经由名家的生花妙笔，自然让人回味无穷。要领教冬日寒风的威仪，你要去读夏丏尊笔下的白马湖；要多角度了解江南的冬景，你一定要认真阅读郁达夫的文字……

阅读本单元文章，要继续练习朗读，掌握重音和停连，准确把握作者所抒发的情感。学会品味文章中精美的语言，重点关注作者运用的修辞手法，体会借景抒情的妙处。

1. 江南的冬景

⊙郁达夫

凡在北国过过冬天的人，总都知道围炉煮茗，或吃煊羊肉、剥花生米、饮白干的滋味。而有地炉、暖炕等设备的人家，不管它门外面是雪深几尺，或风大若雷，而躲在屋里过活的两三个月的生活，却是一年之中最有劲的一段蛰居[①]异境；老年人不必说，就是顶喜欢活动的小孩子们，总也是个个在怀恋的，因为当这中间，有的是萝卜、雅儿梨[②]等水果的闲食，还有大年夜、正月初一、元宵等热闹的节期。

有感情地朗读课文。标注朗读符号，会帮助大家将朗读的语气、节奏、情感变化组织起来，将朗读提升为美读。

但在江南，可又不同；冬至过后，大江以南的树叶，也不至于脱尽。寒风——西北

① 蛰（zhé）居：像动物冬眠一样长期躲在一个地方，不出头露面。

② 雅儿梨：指原产于天津等地的鸭梨，武汉、上海、苏州等方言称雅儿梨。

写北国之冬是为了引出江南冬景。北国冬天的乐趣在于蛰居时的情趣，而江南的冬景之趣在于冬日之下的“曝背谈天，营屋外的生涯”，两种乐趣在相互映衬中各得其味。“也”字充分表明作者对江南冬景的肯定和喜爱。

风——间或吹来，至多也不过冷了一日两日。到得灰云扫尽，落叶满街，晨霜白得像黑女脸上的脂粉似的清早，太阳一上屋檐，鸟雀便又在吱叫，泥地里便又放出水蒸气来，老翁小孩就又可以上门前的隙地里去坐着曝背谈天[①]，营屋外的生涯了；这一种江南的冬景，岂不也可爱得很吗？

我生长江南，儿时所受的江南冬日的印象，铭刻特深；虽则渐入中年，又爱上了晚秋，以为秋天正是读读书、写写字的人的最惠节季，但对于江南的冬景，总觉得是可以抵得过北方夏夜的一种特殊情调，说得摩登些，便是一种明朗的情调。

我也曾到过闽粤，在那里过冬天，和暖原极和暖，有时候到了阴历的年边，说不定还不得不拿出纱衫来着；走过野人的篱落，更还看得见许多杂七杂八的秋花！一番阵雨雷鸣过后，凉冷一点，至多也只好换上一件夹衣，在闽粤之间，皮袍棉袄是绝对用不着的；这一种极南的气候异状，并不是我所说的

① 曝（pù）背谈天：相当于冬天晒着太阳聊天，形容很悠闲自在。曝背，晒背。

江南的冬景，只能叫它作南国的长春，是春或秋的延长。

江南的地质丰腴而润泽，所以含得住热气，养得住植物；因而长江一带，芦花可以到冬至而不败，红叶亦有时候会保持得三个月以上的生命。像钱塘江两岸的乌桕树，则红叶落后，还有雪白的桕子着在枝头，一点一丛，用照相机照将出来，可以乱梅花之真。草色顶多成了赭色[1]，根边总带点绿意，非但野火烧不尽，就是寒风也吹不倒的。若遇到风和日暖的午后，你一个人肯上冬郊去走走，则青天碧落之下，你不但感不到岁时的肃杀，并且还可以饱觉着一种莫名其妙的含蓄在那里的生气；“若是冬天来了，春天也总马上会来”的诗人的名句，只有在江南的山野里，最容易体会得出。

江南的冬天植被充满生气，在作者的笔下，构成一幅美丽的画面。找一找，圈点表明颜色的词语，体会文章描写的画面给你带来怎样的美感。

说起了寒郊的散步，实在是江南的冬日，所给予江南居住者的一种特异的恩惠；在北方的冰天雪地里生长的人，是终他的一生，也绝不会有享受这一种清福的机会的。我不

---

① 赭（zhě）色：中国传统色彩名词，红色、赤红色、红褐色。

知道德国的冬天，比起我们江浙来如何，但从许多作家喜欢以 spaziergang（散步）一词来作他们的创造题目的一点看来，大约是德国南部地方，四季的变迁，总也和我们的江南差仿不多[①]。譬如说 19 世纪的那位乡土诗人洛在格（1843—1918）吧，他用这一个“散步”做题目的文章尤其写得多，而所写的情形，却又是大半可以拿到中国江浙的山区地方来适用的。

江南河港交流，且又地滨大海，湖沼特多，故空气里时含水分；到得冬天，不时也会下着微雨，而这微雨寒村里的冬霖景象，又是一种说不出的悠闲境界。你试想想，秋收过后，河流边三五家人家会聚在一道的一个小村子里，门对长桥，窗临远阜[②]，这中间又多是树枝槎枒[③]的杂木树林；在这一幅冬日农村的图上，再洒上一层细得同粉似的白雨，加上一层淡得几不成墨的背景，你说还够不够悠闲？若再要点景致进去，则门前可以泊一只乌篷

又是一幅迷人的图画，如果给这幅画拟个标题，“微雨寒村图”“冬日农村图”，哪一个更符合这幅画的意境呢？

① 差仿不多：相差不多。

② 阜（fù）：土山。

③ 槎枒（chá yā）：亦作“槎牙”，树木枝杈歧出的样子。

小船，茅屋里可以添几个喧哗的酒客，天垂暮了，还可以加一味红黄，在茅屋窗中画上一圈暗示着灯光的月晕。人到了这一个境界，自然会胸襟洒脱起来，终至于得失俱亡，死生不问了；我们总该还记得唐朝那位诗人作的“暮雨潇潇江上村”的一首绝句吧？诗人到此，连对绿林豪客都客气起来了，这不是江南冬景的迷人又是什么？

一提到雨，也就必然地要想到雪：“晚来天欲雪，能饮一杯无？”自然是江南日暮的雪景。“寒沙梅影路，微雪酒香村”，则雪月梅的冬宵三友，会合在一道了。“柴门闻犬吠，风雪夜归人”，是江南雪夜，更深人静后的景况。“前村深雪里，昨夜一枝开”，又到了第二天的早晨，和狗一样喜欢弄雪的村童来报告村景了。诗人的诗句，也许不尽是在江南所写，而作这几句诗的诗人，也许不尽是江南人，但假了这几句诗来描写江南的雪景，岂不直截了当，比我这一支愚劣的笔所写的散文更美丽得多？

引用诗句，增添了诗情画意；虚写雪景，在品评诗句中写出了雪趣。你还能想起哪些写雪的诗句？

有几年，在江南也许会没有雨没有雪地过一个冬，到了春间阴历的正月底或二月初作者以艺术的手法，描写了一幅幅暖和、恬静、宜人的江南冬景，营造了优美、闲适、温润的意境。总结一下，文章都描绘了哪些冬日的图画。

再冷一冷下一点春雪的；去年（一九三四）的冬天是如此，今年的冬天恐怕也不得不然，以节气推算起来，大约太冷的日子，将在一九三六年的二月尽头，最多也总不过是七八天的样子。像这样的冬天，乡下人叫作旱冬，对于麦的收成或者好些，但是人口却要受到损伤；旱得久了，白喉、流行性感冒等疾病自然容易上身，可是想恣意[1]享受江南的冬景的人，在这一种冬天，倒只会感到快活一点，因为晴和的日子多了，上郊外去闲步逍遥的机会自然也多！日本人叫作 hiking，德国人叫作 spaziergang 狂者，所最欢迎的也就是这样的冬天。

在这里所谓的“无聊”并不是指百无聊赖、无所事事、无病呻吟，正是作者对故乡江南冬景的深情回忆，使得脱离实地欣赏的一切的活动都显得那样的无聊，所以作者便索性“拿起手杖，搁下纸笔”，上湖上散步。

窗外的天气晴朗得像晚秋一样，晴空的高爽、日光的洋溢，引诱得使你在房间里坐不住，空言不如实践，这一种无聊的杂文，我也不再想写下去了，还是拿起手杖，搁下纸笔，上湖上散散步吧！

一九三五年十二月一日

---

① 恣（zì）意：纵心，肆意。

学习提示

本文是郁达夫南迁杭州之后写下的散文名篇。作者从不同角度，刻画了不同时间、不同场合、不同天气下的江南的冬景。午后的温暖、蕴藏生机的大地、雨中的迷蒙、雾中的情趣，等等，都表现了作者对江南冬景的钟爱。

读文时要感受作者笔下的江南呈现出的诗意美感，体会虚实结合、色彩运用和引用诗词等手法在文中运用的好处。注意运用朗读的重音与停连等符号标注文章，将朗读提升为美读。

2. 白马湖之冬

⊙夏丏尊

起句统领全篇，开宗明义。“情味”一词显示出作者对白马湖冬的情思。

在我过去四十余年的生涯中，冬的情味尝得最深刻的，要算十年前初移居白马湖的时候了。十年以来，白马湖已成了一个小村落，当我移居的时候，还是一片荒野。春晖中学的新建筑巍然矗立于湖的那一面，湖的这一面的山脚下是小小的几间新平屋，住着我和刘君心如两家。此外两三里内没有人烟。一家人于阴历十一月下旬从热闹的杭州移居于这荒凉的山野，宛如投身于极带中。

风无形，看看作者是怎么表现风的厉害的。

那里的风，差不多日日有的，呼呼作响，好像虎吼。屋宇虽系新建，构造却极粗率，风从门窗隙缝中来，分外尖削。把门缝窗隙厚厚地用纸糊了，椽缝中却仍有透入。风刮得厉害的时候，天未夜就把大门关上，全家吃毕夜饭即睡入被窝里，静听寒风的怒号、湖水的澎湃。靠山的小后轩，算是我的书斋，在全屋子中是风最小的一间，我常常把头上的罗宋帽拉得低低地在洋灯下工作至夜深。松涛如吼，霜月当窗，饥鼠吱吱在承尘上奔窜。我于这种时候，深感到萧瑟的诗趣，常独自拨划着炉灰，不肯就睡，把自己拟诸山水画中的人物，做种种幽妙的遐想。

松树之多，被风吹得好像是谁在吼叫。这里运用拟人的手法，简洁、生动地写出白马湖的风大。

现在白马湖到处都是树木了，当时尚一株树木都未种。月亮与太阳都是整个儿的，从上山起直要照到下山为止。在太阳好的时候，只要不刮风，那真暖和得不像冬天。一家人都坐在庭间曝日，甚至于吃午饭也在屋外，像夏天的晚饭一样。日光晒到哪里，就把椅凳移到哪里，忽然寒风来了，只好逃难似的各自带了椅凳逃入室中，急急把门关上。在平常的日子，风来大概在下午快要傍晚的时候，半夜即息。至于大风寒，那是整日夜狂吼，要两三日才止的。最严寒的几天，泥地看去惨白如水门汀，山色冻得发紫而黯，湖波泛深蓝色。

“太阳好的时候”和“寒风来了”的时候，两相对照，写出了冬日的惬意与狼狈。

“山色冻得发紫而黯”，运用了比拟的修辞手法，通过山色的变化，生动形象地写出了天气的严寒。

下雪原是我所不憎厌的。下雪的日子，室内分外明亮，晚上差不多不用燃灯。远山积雪足供半个月的观看，举头即可从窗中望见。可是究竟是南方，每冬下雪不过一两次。我在那里所日常领略的冬的情味，几乎都从风来。白马湖所以多风，可以说是有着地理上的原因的。那里环湖原多是山，而北首却有一个半里阔的空隙，好似故意张了袋口欢迎风来的样子。白马湖的山水和普通的风景相差不远，唯有风却与别的地方不同。风的多和大，凡是到过那里的人都知道的。风在冬季的感觉中，自古占着重要的因素，而白马湖的风尤其特别。

解释白马湖风多和大的原因。

现在，一家僦居上海多日了，偶然于夜深人静时听到风声的时候，大家就要提起白马湖来，说："白马湖不知今夜又刮得怎样厉害哩！"

上海夜深人静时的风声，勾起了一家人对白马湖的情思。请深入思考，家人是仅仅想念白马湖冬天的风吗？

学习提示

夏丏尊对白马湖之冬有深切的感悟，在文中着力写白马湖冬日的"风"，表达了一种深沉的、撩人心怀的情思。

有感情地朗读本文，体会作者的情思，并思考作者是如何写风的。

1. 冬的等待

⊙任随平

秋天随着一场寒凉的秋风隐遁无形，代之而来的便是期待许久的冬，渴望在这个漫长的冬日里，能有一场场纷纷扬扬的大雪降临村庄，遮蔽大地的荒芜与突兀。但随着冬日渐深，飘雪的惊喜依旧未能如愿，而我对雪花的期待初衷不改，就像等待一位从天庭出走的大神，挥手之间为广袤的人间降临一场福祉，唯美而又持久。

冬天本就是一个安谧静美的词语，镶嵌在季节的轮回里，而雪花便是这轮回里的精灵，缀饰着冬之静怡。落雪的时候，村庄就更像一位蒙了神秘面纱的女子，素素雅雅地立于大地之上。黛赭色的山峦瞬间被雪花覆盖，辽阔的褴褛倏忽隐遁在旷野深处，唯有那些高举着手臂的杨树，将枝干遥遥指向广袤穹苍，旗帜一般引领着冬天不断深入。

如若置身山梁，遥望村庄深处，便见袅娜的炊烟悠悠舒展着身姿，将草木的香味播撒在辽阔的空域。那香味里，就有母亲唤儿晚归的呼唤，和着锅碗瓢盆的叮当声从小院深处悠悠弥漫开来。此时，村庄的每一处罅隙就洋溢着浓郁的馨香，让人不免心生感念，感念生命的成长里村庄所给予我们的无私和大爱，以及前辈的辛劳与奋争；感念洋洋洒洒的雪花对大地的润泽与抚慰，似乎每一朵雪花里，都凝聚着村庄无尽的期许。

若是在暗夜，落雪的村庄更令人心花怒放，炉火正旺，茶香氤氲，围炉而坐的人，脸膛映照着浓艳的炉火，漫谈着，嬉笑着，少却了平日的劳碌与繁忙，热烈的时候，少不了捧出窖藏许久的米酒，你一杯，我一盏，觥筹交错，将冬夜的寒冷抵御在辽远之外。而此刻，窗棂上的霜花悄然融化为颗颗露珠，簌簌地落下来，在墙角积聚着，缓慢中流散开来，像洇湿了的记忆，久久不肯散去。

黎明时分，推窗望远，茸茸的雪花落在干枯了的树枝上，早起的鸟雀翻飞其间，将颤颤悠悠的雪花顺着枝条弹落下来。斜睨着阳光散射的方向望去，闪耀着晶莹的光芒，就像谁撒落空茫中的银屑，让人喜不自胜。毕竟，这样的场景不是谁能刻意求得的。出得门来，舍不得伸展脚丫在素净齐整的雪地上。谁愿意轻易去打扰一场酣睡的梦幻呢？这样想着的时候，便是久久地站立在屋檐下，一任雪花的光芒懒懒地照耀着，迷人着，不觉得冬之寒凉了，唯有会心的笑意洋溢在眉宇之间。草木搭建的屋舍下，牛羊睡意全无，伸长了脖颈儿在木门的条框之外，静静地欣赏着冬之雪景，一副副满足的慵懒样，似乎馨香扑鼻的草料对于此刻的它们缺少了平日的吸引，唯有这落雪，足以慰藉胸中的饥渴。

其实，对于冬天而言，雪花就是这样，在圣洁中养育灵动与迷恋，让人在一季悠闲中，学会享受，懂得敬畏。而无雪的冬，唯有双目蓄满期许，仰首长空，在深情的瞩望里，等待一场雪的盛宴盛开在村廓四野。

长江名称溯源（一）

长江上源沱沱河出青海省西南部的唐古拉山脉各拉丹冬峰。流经青海、西藏、四川、云南、重庆、湖北、湖南、江西、安徽、江苏等省市自治区，在上海市注入东海，全长6300千米，为我国第一大河。在世界大河中仅次于非洲的尼罗河和南美洲的亚马孙河，居世界第三位。长江就是以其源远流长而得名的。

长江又名扬子江。此名来源于扬州以南至镇江丹徒的扬子津。起初有人把扬子津这段长江叫扬子江，后来又有人把长江下游称为扬子江。近代外国人通常称长江为扬子江。

2. 冬　景

⊙贾平凹

早晨起来，匆匆到河边去；一个人也没有，那些成了固定歇身的石凳儿，空落着，连烫烟锅磕烟留下的残热也不曾存，手一摸，冷得像烙铁一样的生疼。

有人从河堤上走来，手一直捂着耳朵，四周的白光刺着眼睛，眯眯地睁不开。天把石头当真冻硬了，瞅着一个小石块踢一脚，石块没有远去，脚被弹了回来，痛得“哎哟”一声，俯下身去。

堤下的渡口，小船儿依然系在柳树上，却不再悠悠晃动，横了身子，被冻固在河里。船夫没有出舱，弄他的箫管吹着，若续若断，似乎不时就被冻滞了。或者嘴唇不再软和，不能再吹下去，在船下的冰上燃一堆柴火。烟长上来，细而端。什么时候，火堆不见了，冰面上出现一个黑色的窟窿，水咕嘟嘟冒上来。

一只狗，白茸茸的毛团儿，从冰层上跑过对岸，又跑过来，它在冰面上不再是白的，是灰黄的。后来就站在河边被砸开了的一块冰前，冰里封冻了一条小鱼，一个生命的标本。狗便惊奇得汪汪大叫。

田野的小路上，驶过来一辆拉车。套辕的是头毛驴，样子很调皮，公羊般大的身子，耳朵上、身肚上长长的一层毛。主人坐在车上，脖子深深地缩在衣领里，不动也不响，一任毛驴跑着。落着厚霜的路上，驴蹄叩着，干而脆地响，鼻孔里喷出的热气，向后飘去，立即化成水珠，亮晶晶地挂在长毛上。

有拾粪的人在路上踽踽地走，用铲子捡驴粪，驴粪却冻住了。他立在那里，无声地笑笑，做出长久的沉默。有人在沙地里扫树叶，一个沙窝一堆叶子，全都涂着霜，很容易抓起来。扫叶人手已经僵硬，偶尔被树枝碰了，就伸着手指在嘴边，笑不出来，哭不出来，一副不能言传的表情，原地吸溜打转儿。

最安静的，是天上的一朵云，和云下的那棵老树。

吃过早饭，雪又下起来了。没有风，雪落得很轻，很匀，很自由。在地上也不消融，虚虚地积起来，什么都掩盖了本质，连现象都模糊了。天和地之间，已经没有了空间。

只有村口的井，没有被埋住，远远看见往上喷着蒸汽。小媳妇们都喜欢来井边洗萝卜，手泡在水里，不忍提出来。

这家老婆婆，穿得臃臃肿肿，手背上也戴了蹄形手套，在炕上摇纺车。猫不再去恋爱了，蜷在身边，头尾相接，赶也赶不走。孩子们却醒得早，趴在玻璃窗上往外看。玻璃上一层水汽，擦开一块，看见院里的电线，差不多指头粗了。

“奶奶，电线肿了。”

“那是落了雪。”奶奶说。

“那你在纺雪吗，线穗子也肿了。”

他们就跑到屋外去，张着嘴，让雪花落进去，但那雪还未到嘴里，就总是化了。他们不怕冷，尤其是那两只眼睛。互相抓着雪，丢在脖子里，大呼大叫。

麦苗在厚厚的雪下，叶子没有长大来，也没有死了去，根须随着地气往下掘进。几个老态龙钟的农民站在地边，用手抓着雪，吱吱地捏个团子，说：

“好雪，好雪。冬不冷，夏不热，五谷就不结了。”

他们笑着，叫嚷着回去煨烧酒喝了。

雪还在下着，好大的雪。

一个人在雪地里默默地走着，观赏着冬景。前脚踏出一个脚印，后脚离起，脚印又被雪抹去。前无去者，后无来人，他觉得有些超尘，想起了一首诗，又道不出来。

“你在干什么？”一个声音。

他回过头来，一棵树下靠着一个雪桩。他吓了一跳，那雪桩动起来，雪从身上落下去，像脱落掉的锈斑，是一个人。

“我在作诗。”他说。

“你就是一首诗。”那个人说。

“你在干什么？”

“看绿。”

“绿在哪儿？”

“绿在树枝上。”

树上早没有了叶子，一群小鸟栖在枝上，一动不动，是一树会唱的绿叶。

“还看到什么吗？”

“太阳，太阳的红光。”

“下雪天没有太阳的。”

“太阳难道会封冻吗？瞧你的脸，多红；太阳的光看不见了，却晒红了你的脸。”

他叫起来了：

“你这么喜欢冬天？！”

“冬天是庄严的、静穆的，使每个人去沉思，而不再轻浮。”

“噢，冬天是四季中的一个句号。”

“不，是分号。”

“可惜冬天的白色那么单调……”

“哪里！白是一切色的最丰富的底色。”

“可是，冬天里，生命毕竟是强弩之末了。”

“正是起跑前的后退。”

“啊，冬天是个卫生日子啊！”

“是的，是在做分娩前准备的伟大的孕妇。”

“孕妇？！”

“不是孕育着春天吗？”

说完，两个人默默地笑了。

两个陌生人，在天地一色的雪地上观赏冬景，却也成为冬景里的奇景。

3. 呼兰河传（节选）

⊙萧　红

严冬一封锁了大地的时候，则大地满地裂着口。从南到北，从东到西，几尺长的，一丈长的，还有好几丈长的，它们毫无方向地，便随时随地，只要严冬一到，大地就裂开口了。

严寒把大地冻裂了。

年老的人，一进屋用扫帚扫着胡子上的冰溜，一面说：

“今天好冷啊！地冻裂了。”

赶车的车夫，顶着三星，绕着大鞭子走了六七十里，天刚一蒙亮，进了大车店，第一句话就向客栈掌柜的说：

“好厉害的天啊！小刀子一样。”

等进了栈房，摘下狗皮帽子来，抽一袋烟之后，伸手去拿热馒头的时候，那伸出来的手在手背上有无数的裂口。

人的手被冻裂了。

卖豆腐的人清早起来沿着人家去叫卖，偶一不慎，就把盛豆腐的方木盘贴在地上拿不起来了。被冻在地上了。

卖馒头的老头，背着木箱子，里边装着热馒头，太阳一出来，就在街上叫唤。他刚一从家里出来的时候，他走得快，他喊的声音也大。可是过不了一会儿，他的脚上挂了掌子了，在脚心上好像踏着一个鸡蛋似的，圆滚滚的。原来冰雪封满了他的脚底了。使他走起来十分地不得力，若不是十分地加着小心，他就要跌倒了。就是这样，也还是跌倒的。跌倒了是不很好的，把馒头箱子跌翻了，馒头从箱底一个一个地跑了出来。旁边若有人看见，趁着这机会，趁着老头子倒下一时还爬不起来的时候，就拾了几个一边吃着就走了。等老头子挣扎起来，连馒头带冰雪一起捡到箱子去，一数，不对数。他明白了。他向着那走不太远的吃他馒头的人说：

“好冷的天，地皮冻裂了，吞了我的馒头了。”

行路人听了这话都笑了。他背起箱子来再往前走，那脚下的冰溜，似乎是越结越高，使他越走越困难，于是背上出了汗，眼睛上了霜，胡子上的冰溜越挂越多，而且因为呼吸的关系，把破皮帽子的帽耳朵和帽前遮都挂了霜了。这老头越走越慢，担心受怕，颤颤惊惊，好像初次穿上滑冰鞋，被朋友推上了溜冰场似的。

小狗冻得夜夜地叫唤，哽哽的，好像它的脚爪被火烧着一样。

天再冷下去：

水缸被冻裂了；

井被冻住了；

大风雪的夜里，竟会把人家的房子封住，睡了一夜，早晨起来，一推门，竟推不开门了。

大地一到了这严寒的季节，一切都变了样，天空是灰色的，好像刮了大风之后，呈着一种混沌沌的气象，而且整天飞着清雪。人们走起路来是快的，嘴里边的呼吸，一遇到了严寒好像冒着烟似的。七匹马拉着一辆大车，在旷野上成串地一辆挨着一辆地跑，打着灯笼，甩着大鞭子，天空挂着三星。跑了两里路之后，马就冒汗了。再跑下去，这一批人马在冰天雪地里边竟热气腾腾的了。一直到太阳出来，进了栈房，那些马才停止了出汗。但是一停止了出汗，马毛立刻就上了霜。

人和马吃饱了之后，他们再跑。这寒带的地方，人家很少，不像南方，走了一村，不远又来了一村，过了一镇，不远又来了一镇。这里是什么也看不见，远望出去是一片白。从这一村到那一村，根本是看不见的。只有凭了认路的人的记忆才知道是走向了什么方向。拉着粮食的七匹马的大车，是到他们附近的城里去。载来大豆的卖了大豆，载来高粱的卖了高粱。等回去的时候，他们带了油、盐和布匹。

呼兰河就是这样的小城。

4. 看　雪

⊙赵丽宏

年初在北京，正好遇上一场大雪。

雪是无声地降落的。那天傍晚天色灰暗，也没有大风呼啸，以为只是个平平常常的阴天。第二天一早醒来，发现窗外亮得异常，原来外面的世界已经严严实实地被耀眼的白雪覆盖了。从近处屋顶上的积雪看，这一夜降雪约有三四寸厚。而此刻，雪已经停了。离我的窗户最近的一根电线上居然也积了雪，雪窄窄地薄薄地垒上去，厚度居然超出电线自身的四五倍，所以看起来那根电线就像是一条长长的雪带。凭空徒添这许多负担的电线在风中紧张地颤抖着，显得不堪重负，真担心它马上就会绷断……

这是怎样的一夜大雪？那些飘飘洒洒的轻盈的雪花在夜空中飞舞时，当是何等的壮观！假如集合这地面上的所有积雪，大概能堆成一座巍峨的雪山了吧。

有什么能比大自然玄妙的造化和神奇的力量更使人惊叹呢！

雪的世界是奇妙的。在一片茫茫的白色中，城市原有的层次都淡化了、消失了，一切都仿佛融化在晶莹的白色之中。下雪之前的世界究竟是何种颜色？现在竟然想不真切了，人真是健忘。

然而，这雪景似乎不宜久看，看久了眼睛便会有一种被刺痛的感觉。也许，人的眼睛天生是喜欢丰富的颜色的吧。白色，曾经被很多人偏爱，因为它拥有很多美好的属性，譬如纯洁，譬如宁静，譬如清高，等等。但是大多数人喜欢白色，恐怕只是喜欢一束白色的小花、一朵白色的云、一方白色的丝巾、一件白色的连衣裙……要是白到铺天盖地，那就消受不起了。眼前这无边无际的雪景，便是极生动的一例。

茫茫的白色世界有一些鲜亮的色彩开始蠕动。几辆汽车像笨拙的甲虫爬上了马路，行人也三三两两走上了街头。车和人经过的地方，清晰地留下痕迹。车辆和脚印毫不留情地扬开了雪地神秘的面纱——积雪原来并不如想象的那么厚，车辙和脚印中显露出大地原有的色彩。晶莹寒冷的雪只是表象罢了。

一群孩子走到楼前的雪地上，又是滚雪球，又是打雪仗，尖尖的嗓音和雪团一起飞来飞去，弄得一片喧闹。最后，他们的目标一致起来——堆雪人。极有耐心地用手捧，用脚刮，一个矮而胖的雪人居然歪歪斜斜地出现在孩子们面前。雪人周围的雪黯淡了、消失了，孩子们在欢声笑语中清除了他们这方小小天地里的积雪。他们又奔着喊着跑去开拓他们的新疆域了，雪人被孤零零地丢在那里……

两只麻雀突然从窗前掠过，它们在空中急急忙忙盘旋着，嘴中发出焦灼的呼唤，似乎在寻找一个落脚的地方。也许，是积雪使它们熟悉的天地改变了模样，它们迷路了。我以为两只麻雀不可能在我窗前停留，想不到它们找到了一个我未曾预料到的落脚点——窗前的那根电线。一只麻雀先是从下而上掠过电线，翅膀只是轻轻地一拍，电线上积雪便“噗噗”地落下一段，另一只麻雀也如法炮制，又拍下一段雪，然后再一先一后停落在电线上。它们轻松地抖着羽毛，不时又嘴对嘴轻声地低语着，像是互相倾吐着什么隐秘，再不把那曾使它们惊惶迷惑的雪世界放在眼里。那根曾经被积雪覆盖的电线在它们的脚下有节奏地颤动着，积雪在不断地往下掉，往下掉……大雪忙忙碌碌经营了一夜的伪装，只十几秒钟便被两只小麻雀弄瓦解了……

窗外寒风呼啸，积雪大概不会一下便消融，但雪后的世界已不是清一色的白了，我心里的春意也正在浓起来。只要有美丽的生命在，谁能阻挡春天呢！

1988 年初春

5. 冰雪北海

⊙张恨水

北平的雪，是冬季一种壮观景象。没有到过北方的南方人，不会想象到它的伟大。大概有两个月到三个月，整座北平城市，都笼罩在一片白光下。登高一望，觉得这是座银装玉琢的城市。自然，北方的雪，在北方任何一座城市，都是堆积不化的，没有什么可看的。只有北平这个地方，有高大的宫殿，有整齐的街巷，有伟大的城圈，有三海几片湖水，有公园、太庙、天坛几片柏林，有红色的宫墙，有五彩的牌坊，在积雪满眼，白日晴天之时，对这些建筑，更觉得壮丽光辉。

要赏鉴令人动心的景致，莫如北海。湖面让厚冰冻结着，变成了一面数百亩的大圆镜。北岸的楼阁树林，全是玉洗的。尤其是五龙亭五座带桥的亭子，和小西天那一幢八角宫殿，更映现得玲珑剔透。若由北岸看南岸，更有趣。琼岛高拥，真是一座琼岛。山上的老柏树，被雪反映成了黑色。黑树林子里那些亭阁上面是白的，下面是阴暗的，活像是水墨画。北海塔涂上了银漆，有一丛丛的黑点绕着飞，是乌鸦在闹雪。岛下那半圆形的长栏，夹着那一个红漆栏杆、雕梁画栋的漪澜堂。又是素绢上画了一个古装美人，颜色是格外鲜明。

五龙亭中间一座亭子，四面装上玻璃窗户，雪光冰光反射进来，那种柔和悦目的光线，也是别处寻找不到的景观。亭子正中，茶社生好了熊熊红火的铁炉，这里并没有一点寒气。游客脱下了臃肿的大衣，摘下罩额的暖帽，身子先轻松了。靠玻璃窗下，要一碟羊膏，来二两白干，再吃几个这里的名产肉末夹烧饼。周身都暖和了，高兴渡海一游，也不必长途跋涉东岸那片老槐雪林，可以坐冰床。冰床是个无轮的平头车子，滑木代了车轮，撑冰床的人，拿了一根短竹竿，站在床后稍一撑，冰床哧溜一声，向前飞奔了去。人坐在冰床上，风呼呼地由耳鬓吹过去。这玩意儿比汽车还快，却又没有一点汽车的响声。这里也有更高兴的游人，却是踏着冰湖走了过去。我们若在稍远的地方，看看那滑冰的人，像在一张很大的白纸上，飞动了许多黑点，那活是电影上一个远镜头。

走过这整个北海，在琼岛前面，又有一弯湖冰。北国的青年，男女成群结队的，在冰面上溜冰。男子是单薄的西装，女子穿了细条儿的旗袍，各人肩上，搭了一条围脖，风飘飘地吹了多长，他们在冰上歪斜驰骋，做出各种姿势，忘了是在冰点以下的温度过活了。在北海公园门口，你可以看到穿戴整齐的摩登男女，各人肩上像搭梢马褡子似的，挂了一双有冰刀的皮鞋，这是上海香港摩登世界所没有的。

6. 冬日香山

⊙梁　衡

要不是有公务，谁会在这天寒地冻的时节来香山呢？可话又说回来，要不是恰在这时来，香山性格的那一面，我又哪能知道呢？

开三天会，就住在公园内的别墅里。偌大个公园为我们独享，也是一种满足。早晨一爬起来我便去逛山。这里我春天时来过，是花的世界；夏天时来过，是浓荫的世界；秋天时来过，是红叶的世界。而这三季都游客满山，说到底是人的世界。形形色色的服装，南腔北调的话音，这一切将山路林间都塞满了。现在可好，无花，无叶，无红，无绿，更没有多少人，好一座空落落的香山，好一个清净的世界。

过去来时，路边是夹道的丁香，厚绿的圆形叶片，白的或紫色的小花；现在只剩下灰褐色的劲枝，头挑着些已弹去种子的空壳。过去来时，山坡上是些层层片片的灌木，扑闪着自己霜红的叶片，如一团团的火苗，在秋风中翻腾；现在远望灰蒙蒙的一片，其身其形和石和土几乎融在一起，很难觅到它的音容。过去来时，林间树下是厚厚的绿草，茸茸地由山脚铺到山顶；现在它们或枯萎在石缝间，或被风扫卷着聚缠在树根下。如果说秋是水落石出，冬则是草木去而山石显了。在山下一望山顶的鬼见愁，黑森森的石崖，蜿蜒的石路，历历在目。连路边的巨石也都像是突然奔来眼前，过去从未相见似的。可以想见，当秋气初收，冬雪欲降之时，这山感到三季的重负将去，便迎着寒风将阔肩一抖，抖掉那些攀附在身的柔枝软叶；又将山门一闭，推出那些没完没了的闲客；然后正襟危坐，巍巍然俯视大千，静静地享受安宁。我现在就正步入这个虚静世界。苏轼在夜深人静时去游承天寺，感觉到寺之明静如处积水之中，我今于冬日游香山，神清气朗如在真空。

与春夏相比，这山上不变的是松柏。一出别墅的后门就有十几株两抱之粗的苍松直通天穹。树干粗粗壮壮，溜光挺直，直到树梢尽头才伸出几根遒劲的枝，枝上挂着束束松针，该怎样绿还是怎样绿。这时太阳从东方冉冉升起，走到松枝间却寂然不动了。我徘徊于树下又斜倚在石上，看着这红日绿松，心中澄静安闲如在涅槃，觉得胸若虚谷，头悬明镜，人山一体。此时我只感到山的巍峨与松的伟岸，冬日香山就只剩下这两样了。苍松之外，还有一些新松，栽在路旁，冒出油绿的针叶，好像全然不知外面的季节。与松做伴的还有柏树与翠竹。柏树或矗立路旁，或伸出于石岩，森森然，与松呼应。翠竹则在房檐下山脚旁，挺着秀气的枝，伸出绿绿的叶，远远地做一些铺垫。你看他们身下那些形容萎缩的衰草败枝，你看他们头上的红日蓝天，你看那被山风打扫得干干净净的石板路，你就会明白松树的骄傲。他不因风寒而笼袖缩脖，不因人少而自卑自惭。我奇怪人们的好奇心那么强，可怎么没有想到在秋敛冬凝之后再来香山看看松柏的形象。

当我登上山顶时回望远处烟霭茫茫，亭台隐隐，脚下山石奔突，松柏连理，无花无草，一色灰褐。好一幅天然焦墨山水图。焦墨笔法者舍色而用墨，不要掩饰只留本质。你看这山，她借着季节相助舍掉了丁香的香味、芳草的倩影、枫树的火红，还有游客的捧场。只留下这常青的松柏来做自己的山魂。山路寂寂，阒然无人。我边走边想，比较着几次来香山的收获。春天来时我看她的妩媚，夏天来时我看她的丰腴，秋天来时我看她的绰约，冬天来时却有幸窥见她的骨气。她在回顾与思考之后，毅然收起了那些过眼繁花，只留下这铮铮硬骨与浩浩正气。靠着这骨这气，她会争得来年更好的花、更好的叶，和永远的香气。

香山，这个神清气朗的冬日。

7. 镜泊湖之冬

⊙徐　迅

没看到湖，看到的只是一面偌大的镜子。镜泊湖的镜子。这是冬天，冬天的镜泊湖银装素裹，是一片白皑皑的世界。白皑皑的世界也有颜色，雪白雪白盖住山峦、林木、房屋的是白雪；暗绿的，铺就一望无垠湖面的是厚厚的冰。有阳光照着，红红的太阳的颜色在与它接近的地方，仿佛有一大酡的胭红。近看，如镜的湖面吸了阳光的热气，泛出冷冷的光。湖上不能走船，却泊了一艘大船。白雪把镜泊湖弄成了一个童话世界，那船搁在如镜的湖面上，就像孩子丢弃的一个大玩具。

湖上也有行人，行人照例坐不了游船，而是坐着狗爬犁或踩着雪橇，让马或狗拖拽着，满冰湖疯跑；更有大型拖拉机，拉着一群或躺或坐在雪圈（旧轮胎）上的人，也突突地跑。没有水，没有船，游人自然就没有游览湖水的乐趣，只把湖当成一面铜镜。他们在不停地磨，仿佛要把镜泊湖这面镜子磨出光亮。让人眼睛发亮的，还有湖中插着的赤橙黄绿青蓝紫的旗子。旗子在白雪的世界很醒目，像是在制造节日的气氛，又像是警示游人。冬天的镜泊湖，镜在泊中，波平如镜，但镜子背面的湖水却深不可测。让人走在上面，心里还感到害怕。镜泊湖有责任不让游人在如镜的湖面上太任性、太放肆。湖上，有些放肆的是几台硕大的造雪机，机子呼呼地叫着，吐出的雪粒漫天飞散，很快就形成一个雪堆。这是城市人用来制作雪堡的。“雪堡”其实就是雪雕。站在湖中望，岸边果然砌起一座座雪雕。有欧洲风格的城堡，有火车，还有虎、鹿、老鹰；人脸狼身或人脸蛇身的帅小伙子和美女；以及风神、雨神、太阳神等。一问，说这是满族人的图腾和崇拜……“咚咚咚”，忽然，有鼓声镗然而来，在白雪的天空高古而悠远，一看，却有一群身着花花绿绿服装的男女，腰摇铃响，在舞之蹈之。朋友说，这是满族人祭祀或祈祷的仪式。他们的一招一式，全有讲究，心灵充满着对自然、对天地万物的敬畏。

“走，照照镜子去！”吃过午饭，朋友说去照照镜子。我理解，这照镜子就是在湖上走动走动的意思。到了湖边，果然就见一群人在湖里“照镜子”。他们在湖镜子上踩着雪橇、坐着狗爬犁或骑着冰上摩托车，匆匆忙忙，都朝一个方向飞驰而去——原来，那地方正有渔民在捕鱼——当地人叫这为“冬捕”。镜泊湖冬季捕鱼的历史可以追溯到辽金的时代。满族人认为万物有灵，捕鱼也有讲究。他们捕鱼时，总是腰上系一条红腰带，然后喝一碗烈性酒，大吼一声：“开网喽！”于是起网，捕上的第一头鱼，他们认为是吉祥如意的化身，自己舍不得吃，一般都得放生或是送给有缘之人。

镜泊湖的水深不见底，水质优美，生产的鱼品种繁多，名目不一而足。比如有红鲢、白鲢，还有鳙（胖头鱼）、虹鳟鱼等。他们还把鳜鱼叫作鳌花，鳊鱼叫作鳊花，湖鲫叫作鲫花，统称“三花”。捕鱼时，渔民们在冰窟上凿置一洞，起网时不管大网小网，万尾银鳞，就在冰上如浪翻转。但俗话说“十网九空”，鱼也不好捕的。没看到大网，我们看到的是小网“挂鱼”，渔民在冰窟里拉着网，一条条鱼活蹦乱跳，随着那网被拉出。旁边，游人欢呼雀跃，有人甚至快乐地抱着那鱼用手机拍照，发在朋友圈里跟朋友分享。

镜泊湖是一座火山熔岩堰塞湖，是当地晚期火山群第五次喷发，熔岩流阻塞了牡丹江的古河道而成。湖的深度平均 40 米，最深的地方有 48 米。如此幽深澄澈的湖，春日里，春水荡漾自不必说，在冬天，人在湖面上走着，偶然想起白雪轻吻火山的熔岩，便有冰火两重天之感。当地人告诉我，镜泊湖本不叫镜泊湖，就像牡丹江这一座城市，名字也并不是源于牡丹的花，而古称牡丹乌拉。乌拉是满语的“江”，牡丹有“弯弯曲曲”之意……镜泊湖也有很多很美的名字，如湄沱湖、阿卜湖、呼尔海金、毕尔腾湖……但最后还是叫了镜泊湖。叫镜泊湖好，叫了镜泊湖，镜泊湖就真成了一面镜子。一面巨大的镜子，照着天地，照着人心。

8. 冬日絮语

⊙冯骥才

每每到了冬日，才能实实在在触摸到了岁月。年是冬日中间的分界。有了这分界，便在年前感到岁月一天天变短，直到残剩无多！过了年忽然又有大把的日子，成了时光的富翁，一下子真的大有可为了。

岁月是用时光来计算的。那么时光又在哪里？在钟表上，日历上，还是行走在窗前的阳光里？

窗子是房屋最迷人的镜框。节候变换着镜框里的风景。冬意最浓的那些天，屋里的热气和窗外的阳光一起努力，将冻结玻璃上的冰雪融化；它总是先从中间化开，向四边蔓延。透过这美妙的冰洞，我发现原来严冬的世界才是最明亮的。那一如人的青春的盛夏，总有阴影遮翳，葱茏却幽暗。小树林又何曾有这般光明？我忽然对老人这个概念生了敬意。只有阅尽人生，脱净了生命年华的叶子，才会有眼前这小树林一般明彻。只有这彻底的通彻，才能有此无边的安宁。安宁不是安寐，而是一种博大而丰实的自享。世中唯有创造者所拥有的自享才是人生真正的幸福。

朋友送来一盆“香棒”，放在我的窗台上说：“看吧，多漂亮的大叶子！”

这叶子像一只只绿色光亮的大手，伸出来，叫人欣赏。逆光中，它的叶筋舒展着舒畅又潇洒的线条。一种奇特的感觉出现了！严寒占据窗外，丰腴的春天却在我的房中怡然自得。

自从有了这盆“香棒”，我才发现我的书房竟有如此灿烂的阳光。它照进并充满每一片叶子和每一根叶梗，把它们变得像碧玉一样纯净、通亮、圣洁。我还看见绿色的汁液在通明的叶子里流动。这汁液就是血液。人的血液是鲜红的，植物的血液是碧绿的，心灵的血液是透明的，因为世界的纯洁来自心灵的透明。

我还发现，这光亮的叶子并不是为了表示自己的存在，而是为了证实阳光的明媚、阳光的魅力、阳光的神奇。任何事物都同时证实着另一个事物的存在。伟大的出现说明庸人的无所不在；分离愈远的情人，愈显示了他们的心丝毫没有分离；小人的恶言恶语不恰好表达你的高不可攀和无法企及吗？而骗子无法从你身上骗走的，正是你那无比珍贵的单纯。老人的生命愈来愈短，还是他生命的道路愈来愈长？生命的计量，在于它的长度，还是宽度与深度？

冬日里，太阳环绕地球的轨道变得又斜又低。夏天里，阳光的双足最多只是站在我的窗台上，现在却长驱直入，直射在我北面的墙壁上。一尊唐代的木佛一直伫立在阴影里沉思，此刻迎着一束光芒无声地微笑了。

阳光还要充满我的世界，它化为闪闪烁烁的光雾，朝着四周的阴暗的地方浸染。阴影又执着又调皮，阳光照到哪里，它就立刻躲到光的背后。而愈是幽暗的地方，愈能看见被阳光照得晶晶发光的游动的尘埃。这令我十分迷惑：黑暗与光明的界限究竟在哪里？黑夜与晨曦的界限呢？来自早醒的鸟第一声的啼叫吗？……这叫声由于被晨露滋润而异样地清亮。

但是，有一种光可以透入幽闭的暗处，那便是从音箱里散发出来的闪光的琴音。鲁宾斯坦的手不是在弹琴，而是在摸索你的心灵；他还用手思索，用手感应，用手触动色彩，用手试探生命世界最敏感的悟性……琴音是不同的亮色，它们像明明灭灭、强强弱弱的光束，散布在空间！那些旋律片段好似一些金色的鸟，扇着翅膀，飞进布满阴影的地方。有时，它会在一阵轰响里，关闭了整个地球上的灯或者创造出一个辉煌夺目的太阳。我便在一张寄给远方的失意朋友的新年贺卡上，写了一句话：

你想得到的一切安慰都在音乐里。

冬日里最令人莫解的还是天空。

盛夏里，有时乌云四合，那即将被峥嵘的云吞没的最后一块蓝天，好似天空的一个洞，无穷地深远。而现在整个天空全成了这样，在你头顶上无边无际地展开！空阔、高远、清澈、庄严！除去少有的飘雪的日子，大多数时间连一点点云丝也没有，鸟儿也不敢飞上去，这不仅由于它冷冽寥廓，而且因为它大得……大得叫你一仰起头就感到自己的渺小。只有在夜间，寒空中才有星星闪烁。这星星是宇宙间点灯的驿站。万古以来，是谁不停歇地从一个驿站奔向下一个驿站？为谁送信？为了宇宙间那一桩永恒的爱吗？

我注视着冬天在大地上的脚步，看看它究竟怎样一步步、沿着哪个方向一直走到春天。

单元学习任务

任务一

相对于生机勃勃、万紫千红的春，冬也富有自身独特的魅力。读了本单元的文章，你印象最深刻的篇章段落是哪一处？选出你喜欢的段落，认真设计朗读脚本，标出重音与停连，尝试朗读，为举办班级“冬日印象”朗读会做好准备。下面为表格示意。

符号	用法与举例
“•”重音	是对一句话中需要强调的词语加以重读，以引起听者的注意。一般用着重号“•”标示在词语下面。
	山朗润起来了，水涨起来了，太阳的脸红起来了。
“∨”停顿	用“∨”标示在词语之间的上方，不限于标点处，句中有时也有小停顿。
	风∨轻悄悄的，草∨软绵绵的。
“^”连接	用“^”标示在词语之间的上方，是为了表达的需要，在此处要一口气连贯地读下来，有标点也不停顿。
	坐着，∨躺着，∨打两个滚，^踢几脚球，^赛几趟跑，^捉几回迷藏。

任务二

本单元写冬的文章各有特色，很多语句值得品味。阅读过程中，注意把握文中景物的特点，体会作者寄寓在景物中的深情。摘录你喜欢的语句，并作简要赏析，可以从写作手法、修辞运用等方面来写。

文章标题及摘录	作者	赏析
文章标题： 摘录：		
文章标题： 摘录：		
文章标题： 摘录：		
文章标题： 摘录：		

任务三

借鉴本单元文章的某些写法，就你家乡冬天的风景写一个片段，写出属于你的冬日印象。注意抓住特点来写，不少于200字。

雨之情思

雨是大自然的精灵，古往今来，文人墨客都喜欢为它挥洒笔墨。春雨贵如油，秋雨冷似泪。不同季节的雨，带给人们不同的心理感受。不同的人看到雨，会激起不同的情感体验：或遇雨而喜，高歌“好雨知时节”；或逢雨而悲，哀叹“梧桐更兼细雨，到黄昏、点点滴滴。这次第，怎一个愁字了得！”……雨是思绪的触发者，它或勾起往事的回忆，或触发人生的感慨，或再现生存的艰辛……让我们走进雨的世界，感受雨带给我们的情感体验和思考。

阅读本单元文章，不仅要在把握情感基调的基础上反复朗读，体会景物特点与作者所抒发感情的联系，还要学习体会作者运用对比、修辞等手法，调动感官来描绘不同情境下雨的特点，品味文章中富有感染力的语言。

自由阅读

1. 雨　前

⊙何其芳

最后的鸽群带着低弱的笛声在微风里划了一个圈子后，也消失了。也许是误认这灰暗的凄冷的天空为夜色的来袭，或是也预感到风雨的将至，遂过早地飞回它们温暖的木舍。

几天的阳光在柳条上洒下的一抹嫩绿，被尘土埋掩得有憔悴色了，是需要一次洗涤。还有干裂的大地和树根也早已期待着雨。雨却迟疑着。

我怀想着故乡的雷声和雨声。那隆隆的有力的搏击，从山谷返响到山谷，仿佛春之芽从冻土里震动、惊醒，而怒茁出来。细草般温柔的雨声又以温存之手抚摩它，使它簇生油绿的枝叶而开出红色的花。这些怀想如乡愁一样萦绕得使我忧郁了。我心里的气候也和这北方大陆一样缺少雨量，一滴温柔的泪在我枯涩的眼里，如迟疑在这阴沉的天空里的雨点，久不落下。

白色的鸭也似有一点烦躁了，有不洁颜色的都市的河沟里传出它们焦急的叫声。有的还未厌倦像船一样徐徐地划行，有的却倒插它们的长颈在水里，红色的蹼趾伸在尾后，不停地扑击着水以支撑身体的平衡。不知是在寻找沟底的细微的食物，还是贪恋那深深的水里的寒冷。

有几只已上岸了。在柳树下来回地做绅士的散步，舒息划行的疲劳，然后参差地站着，用嘴细细地抚理它们遍体白色的羽毛，间或又摇动身子或扑展着阔翅，使那缀在羽毛间的水珠坠落。一只已修饰完毕的，弯曲它的颈到背上，长长的红嘴藏没在翅膀里，静静合上它白色的茸毛间的小黑眼，仿佛准备睡眠。可怜的小动物，你就是这样做你的梦吗？

我想起故乡放雏鸭的人了。一大群鹅黄色的雏鸭游牧在溪流间。清浅的水，两岸青青的草，一根长长的竹竿在牧人的手里。他的小队伍是多么欢欣地发出啁啾声，又多么驯服地随着他的竿头越过一片又一片田野，一个又一个山坡！夜来了，帐幕似的竹篷撑在地上，就是他的家。但这是怎样辽远的想象啊！在这多尘土的国度里，我仅只希望听见一点树叶上的雨声。一点雨声的幽凉滴到我憔悴的梦，也许会长成一树圆圆的绿荫来覆荫我自己。

我仰起头。天空低垂如灰色的雾幕，落下一些寒冷的碎屑到我脸上。一只远来的鹰隼仿佛带着怒愤，对这沉重的天色的怒愤，平张的双翅不动地从天空斜插下，几乎触到河沟对岸的土阜，而又鼓扑着双翅，做出猛烈的声响腾飞了。那样巨大的翅使我惊异。我看见了它两肋间斑白的羽毛。接着听见了它有力的鸣声，如同一声巨大的心的呼号，或是在黑暗里寻找伴侣的叫唤。

然而雨还是没有来。

2. 春　雨

⊙任启亮

春雨是吝啬的，不然人们怎么会有“春雨贵如油”的慨叹呢？

春雨是柔弱的，她向地面飘洒时总是细弱无声，没有什么声势。

春雨是散漫的，她缺乏雷厉风行的风格，总是慢条斯理地姗姗而来。

经过一个漫长而无雪的冬季，大地已经干涸了很久，到处尘土飞扬。麦苗无力地摇动着干瘦而泛黄的叶子呻吟，树木高举着干枯的枝条呼喊，漫山遍野一片苍凉。人们也被这干燥的冬季折磨得疲惫不堪。日历一页一页掀过，好不容易盼到了“雨水”，人们从心底呼唤，春雨该来了，世间万物都期待着春雨的降临。

然而春雨却不给面子，“惊蛰”已过仍无影无踪，“春分”将至还是毫无讯息，千呼万唤就是不出来。人们开始埋怨了，万物开始抗议了。

突然，一天清晨，空气中弥漫着泥土的味道，湿润而且清新。人们推开房门，是春雨，久违的春雨。雨轻轻地、细细地、静静地，一缕缕、一丝丝洒向大地。

她轻得像飘忽的云雾，茫茫苍苍；细得像根根银线，挂在无垠的天空；静得像十五的月光，散发着清辉。她怎么就这样悄无声息地来了呢？她怎么不在白天迎接着人们的掌声和笑脸而光临呢？她完全可以潇洒地救世主般地飘然而至，也可以傲慢地大张旗鼓地呼啸而来。但都不，她总是选择在一个安静的夜晚飘飘洒洒地默默降落，为的是不惊动人们甜美的梦。正像杜甫诗中描写的那样："随风潜入夜，润物细无声。"

春雨明白自己的职责，也懂得万物的心愿，只顾埋头一刻不停地挥洒着，虽然十分细弱，但是凭借着锲而不舍的精神和滴水穿石的毅力，渐渐地她的雨露滋润了千山万壑和大地原野，浸透了久旱的土壤，洗刷了城市的大街小巷。忽然有一天，人们发现阳光普照，却不知春雨何时悄悄离去。再看世上万物，杨柳依依吐翠披绿，桃李不言百花竞放，大江南北万紫千红，长城内外绿色满园。人们也换上五彩缤纷的春装，笑逐颜开地筹划着新的生活。

春雨是无私的，她用自己的血液给万物注入生机。

春雨是含蓄的，也是刚强的。她不声张，不夸耀，不搞轰动效应，而是脚踏实地、持之以恒。夏天的雨有气势，常常伴随着电闪雷鸣，奔腾而来，但有时呼呼啦啦倾泻十几二十分钟，甚至三五分钟，也就偃旗息鼓了，只是埋没了地层表面的那层浮土，而并没有浸湿干裂的底部，更何况有时还只闻雷声轰鸣，不见雨水光临呢。春雨却不然，她虽然貌不惊人，绵薄弱小，却有着极强的穿透力。她不仅能湿润地表，而且能穿透地心，她能让这个世界改变颜色。雷雨也好，暴雨也好，恐只能望洋兴叹了。

春雨之所以有如此大的力量，是长期积累和修炼的结果。在长长的严冬里，她头顶着黑夜，抗御着寒冷，忍耐着寂寞，尤其是承受着万物的误解，不停地汲取着营养，磨炼着意志，积蓄着力量。终于有一天，到了她可以无拘无束挥洒时，就把全部的真诚和能量一股脑儿地奉献出来，为了这个一年四季的开端，也为了充满希望的未来。

春雨，令人肃然起敬的雨。

3. 风　雨

⊙贾平凹

树林子像一块面团了，四面都在鼓，鼓了就陷，陷了再鼓；接着就向一边倒，漫地而行的；呼地又腾上来了，飘忽不能固定；猛地又扑向另一边去，再也扯不断，忽大忽小，忽聚忽散；已经完全没有方向了。然后一切都在旋，树林子往一处挤，绿似乎被拉长了许多，往上扭，往上扭，落叶冲起一个偌大的蘑菇长在了空中。哗的一声，乱了满天黑点，绿全然又压扁开来，清清楚楚看见了里边的房舍、墙头。

垂柳全乱了线条，当抛举在空中的时候，却出奇地显出清楚，刹那间僵直了，随即就扑撒下来，乱得像麻团一般。杨叶千万次地变着模样：叶背翻过来，是一片灰白；又扭转过来，绿深得黑青。那片芦苇便全然倒伏了，一节断茎斜插在泥里，响着破裂的颤声。

一头断了牵绳的羊从栅栏里跑出来，四蹄在撑着，忽地撞在一棵树上，又直撑了四蹄滑行，末了还是跌倒在一个粪堆旁，失去了白的颜色。一个穿红衫子的女孩冲出门去牵羊，又立即要返回，却不可能了，在院子里旋转，锐声叫唤，离台阶只有两步远，长时间走不上去。

槐树上的葡萄蔓再也攀附不住了，才松了一下蜷曲的手脚，一下子像一条死蛇，哗哗啦啦脱落下来，软成一堆。无数的苍蝇都集中在屋檐下的电线上了，一只挨着一只，再不飞动，也不嗡叫，黑乎乎的，电线愈来愈粗，下坠成弯弯的弧形。

一个鸟窠从高高的树端掉下来，在地上滚了几滚，散了。几只鸟尖叫着飞来要守住，却飞不下来，向右一飘，向左一斜，翅膀猛地一颤，羽毛翻成一团乱花，旋了一个转儿，倏忽在空中停止了，瞬间石子般掉在地上，连声响儿也没有。

窄窄的巷道里，一张废纸，一会儿贴在东墙上，一会儿贴在西墙上，突然冲出墙头，立即不见了。有一只精湿的猫拼命地跑来，一跃身，竟跳上了房檐，它也吃惊了；几片瓦落下来，像树叶一样斜着飘，却突然就垂直落下，碎成一堆。

池塘里绒被一样厚厚的浮萍，凸起来了，再凸起来，猛地撩起一角，唰地揭开了一片；水一下子聚起来，长时间地凝固成一个锥形；啪地摔下来，砸出一个坑，浮萍冲上了四边塘岸，几条鱼儿在岸上的草窝里蹦跳。

最北边的那间小屋里，木架在吱吱地响着。门被关住了，窗被关住了，油灯还是点不着。土炕的席上，老头在使劲捶着腰腿，孩子们却全趴在门缝，惊喜地叠着纸船，一只一只放出去……

4. 我爱雨天[①]

⊙臧克家

夏天的太阳，真是炎威可畏。

禾稼望雨，人望雨。我更喜欢雨天。每晚我必看《新闻联播》，关怀那条小尾声：天气预报。如果预报说明天有雨，我便为之欣然。

我爱花，小小独院花木占去了一半。四个花畦里，有丁香、海棠、玉兰、各色月季，还有从美国来的种子开出的缤纷五彩花朵。养在盆里的，大大小小八十多盆，有米兰、令箭、昙花、君子兰、银星海棠、栀子、茉莉……列队成行，欢迎嘉宾。我爱花，观赏时多，为她操劳时少。我爱人把早晚一段时间花在追肥、浇灌、培育、剪枝上面去，不以为苦，以此取乐。我呢，体力能胜任时，也费举手之劳，以小勺舀水，蹀躞[②]往返几次，便不支而退了。

上午，十点以后，大太阳爬过东房屋脊，把光线斜射四方，

① 选自《臧克家文集》（第四卷），山东文艺出版社，1994 年版。

② 蹀躞（dié xiè）：小步走路。

一刻比一刻强烈，于是，把陈列在西边的花盆，择要的移到阴凉处以避炎光。中午，太阳当空烈焰直泄，花木垂头，无处遮身，精神萎靡，叶子可怜，像一面又一面绿色的降旗。我们关心她们像关心孩子一样，以薄板遮顶，如同凉帽；太阳徘徊在西屋顶上时，则把东边一列怕晒的盆花移到西边去。

花好看，花也需要人的勤劳和汗水，但，更为渴望的是从天而降的雨水！

一阵好雨过后，满院花木，身爽神清，树叶上，花朵上，水珠莹莹。红花更红了，绿叶更绿了，清风吹来，花香四溢，绿色如流，蜻蜓抱住花茎，坦然而又舒适地在小憩，蜂蝶纷忙地在花前来去。生机盎然，满庭芬芳，与人同乐。

我爱雨天，也不是纯乎为了花草树木，另有更重要情由在。

我快到八十岁了。工作繁杂，找的人多，从早到晚，不得休息。我一天的时间，以三分之：一分读书，一分写作，一分会客。早晨五时半即起，小巷寂静，一个人散步锻炼三四十分钟，然后进早点，少休即伏案为文或卧床读书。九时以后须小休以养神，可是门铃频响，客人开始到了。我的大门是大敞的。贴条拒客，于心不安，任何时间，来访者可以受到欢迎。老年朋友，不远千里而来；红领巾小队也曾来我家过队日。有时，一天接待三四个省份的来客，无非是为了：索稿、题字、写字、写祝词、邀开会、请演讲。有个青年，慕名从西北边疆省份贸然前来，在京徘徊三日，才找到我的住处。这样事，不止一件。我有点忙于应对。客人日必数起，多时达二三十位，会客室内坐不下，只好在门外排列。耗费精力，心神为之不安！炎炎夏日，也无法为我拒客，有台历可证，“无客日”是甚少的。

我招待客人，可谓：破命陪君子。我好讲话，见了人，不论是旧友、新友，控制不住热情，谈到高兴时，手舞足蹈。客人去后，急急卧床，因为有严重心律不齐症，顿觉心力衰弱。喘息未定，第二批客人又到，强打精神，鼓力应答。客退不久，又有人按铃，心为之惊，神为之震！这时，我卧在床上，一语不能发，只有向客人打手势的份儿了。不少老朋友遇到过这种情况。有一次，我的老师、挚友萧涤非先生远道而来，带了一位同志来看我，一见此情，萧先生立刻说：“我们走，叫他休息！”他兴未尽而返，我惘然者久之。

我喜欢雨天。落得越大，我越高兴。这时，我脱去衬衫，只穿个背心，扒去袜子，穿双拖鞋，心上身上的负担一体解除了，感到轻松而又愉快，心里微吟着古人的名句：“殷勤昨夜三更雨，又得浮生一日凉。”这种“自得”境界，真是难得而可贵呵！

我喜欢雨天。为了满院花花草草，更为了可以得到悠闲的时间，舒适的心境，毫无顾忌地去从事写作和阅读。

一九八四年八月五日

5. 暴风雨

⊙〔印度〕泰戈尔

暴风呼啸着寻衅滋事，乌黑的云团翻越落日的彩墙，须臾间冲到外面。

仿佛天空的象厩着火，那头因陀罗[①]的坐骑生得黧黑的幼象，甩着象鼻嘶叫着奔驰。

黑云映射的红光，像它伤口涌流的鲜血。

闪电在云间跳跃，挥动寒光闪闪的巨钺；地平线喷发着雷鸣。

西北边的芒果园里传来粗重的喘息。

接踵而来的是昏暗和呛人的尘土，枯枝败叶漫天飞舞。

坚硬的沙粒打得脸生疼。

天空像着了魔。

行人趴在地上，浓密的冥暗中失散的黄牛在哀哞，远处河埠上人声鼎沸。

弄不清哪个方向遭到怎样的灾祸。

---

① 因陀罗：天帝、雷雨神。或世界的保护神。

心里怦怦直跳，猜想着出了什么事。

乌鸦匍匐在地，喙咬住青草，双翼扑扇，拼命地挣扎着。

翠竹被暴风摁在水面上，竹梢左右摇晃，似在愤恨地咒骂。

凌厉的暴风磨刀霍霍，刀刺透“幽暗”的胸膛。

天空、水中、田野上旋转着恐怖。

突然，平原发出泥土味的叹息，随即大雨倾注，斜风把雨滴劈碎，轻薄的雨雾覆盖树林，遮掩神庙的尖顶，捂住铜铃当当的声音之口。

后半夜风敛雨止，夜色像黑乎乎的试金石。只有蛙噪与蛩鸣遥相呼应，点点流萤忽明忽灭，从梦中惊醒的夜风中，树上的水滴淅淅沥沥地垂落。

（白开元 / 译）

6. 狂雨观书

⊙李丹崖

夏日，户外闷热如炉，我开了空调，在阳台上读书，触目所及处，荷塘在烈阳下肆意张扬绿与红。我看的是一本古籍，点头抬头之间，暴雨不期而至。狂雨敲窗，荷塘里，翠珠乱跳，每一滴雨，都结结实实地砸在土地上，就像每一粒方块字都种在古本的宣纸上。

狂雨敲窗乱读书。这个时候，窗外雨声大作，读一些特别细腻的文字，是读不进去的。雨声会把你小声的诵读声给赶跑，它自己占据你注意力的领地。这时候，读一些武侠最好，武侠的气场能够赶跑狂雨的暴躁，让一颗心瞬间回归到平静。

去年大暑，我在拙政园边的宅子里读《洛神赋》的图卷，大雨不期而至，瞬间赶走了燥热。美人的“芳泽无加，铅华弗御。云髻峨峨，修眉联娟。丹唇外朗，皓齿内鲜。明眸善睐，靥辅承权。瑰姿艳逸，仪静体闲。柔情绰态，媚于语言”，溢于言表，跃然纸上。赵子昂的书法俊秀儒雅，粒粒饱满，在泛黄的纸上，坚挺的笔画，透着刀锋一样的意趣，与画作形成鲜明的对比。这样一场雨，雨中的湿气，反倒增添了画卷中的诗意。

雨声潇潇，荷塘得到了大雨的垂青，墨绿一丛，荷花在风雨中独秀一枝，一枝就占领它的一方绿。雨意中，我看出了奇幻的色彩。有人说，在中国，有这样一本书，不管你处在怎样的环境，只要一捧起它，就欲罢不能。这本书就是《山海经》。《山海经》的魅力确实神奇。一本书，可以在无边的风雨里辟出一条路来，我想，也只有它了。书中的鬼怪、妖魔、山川、民族、物产、药物、祭祀、巫医……纷至沓来，真正有了“铁马冰河入梦来”的意思。有一段时间，我晚上看《山海经》，梦里常有一些长着九个头的鸟前来看我，手里还拎着不知哪座高山上产的茶。我冲泡了一下，有奇香，醒来仍余韵未尽。

现如今，都市里生活的人们，谁家没有阳台呢？早些年在乡间，各家各户都有院落，如今，院落之于城市何其奢侈，阳台，就成了城市人的院落。人们在阳台上种花种草，看书观景，阳台就是人们的后花园。阳光疏朗的冬日，在阳台晒暖，作负日之暄；到了夏日，落了雨，在阳台观书、听雨，也别有一番风味。

看书看得累了，索性直接看雨。雨落下的这方天地，又何尝不是一本别开生面的“巨著”？大雨在玻璃窗上“笔走龙蛇”，这是它的墨宝。人在玻璃窗内观水滴乱走，似看书法家泼墨挥毫，快意潇洒，令人啧啧称奇。

夏日的雨，下得滂沱，这才是雨应该有的样子。毛毛细雨的春日，太过柔媚了；夏日的雨才有阳刚之气，换作是书，也应该是《水浒传》，而非《红楼梦》。

7. 乡间秋雨

⊙厉彦林

真盼这场秋雨早点到来，缓解家乡日渐严重的旱情。让辛勤劳作的庄稼人冲掉周身的劳倦，给夜晚忙着成长的地瓜、苞米等庄稼提供滋润。那是老天爷对山民的体谅和关爱，对这片山地的眷顾与倾心。

刚才还晴空万里，转眼云雾越来越浓了，像飘动的玉带缭绕在山腰间。顷刻，乌云漫过山头，像一块黑布飘飞而至，罩住所有田地和房舍。风越来越急，天地一片昏暗，空气也凉了。

秋雨没有夏雨来得那么急。起初感觉有雨丝细细密密、轻轻柔柔地落下，像轻轻低语的热恋情人，轻轻地诉说着什么秘密。慢慢地变成点点滴滴，悄悄地，树叶、花草和路面都湿润了。秋雨温柔、缠绵，像丝像缕，如烟似雾，若酒若醇……袅娜依依的柳枝挂着晶莹的雨滴，拂过来又拂过去，像群荡秋千的山妮子；粗壮的杨树伸着绿色的手掌，承接着潇潇秋雨，保持男子汉的风格，静默不语；柔弱的小草叶片泛黄，在雨中低着头、瑟缩着，像刚做错了事的孩子。风和雨像一对孪生姐妹，拂动滋润着你的头发，柔软，顺滑，让人格外舒服。

潺潺秋雨，阑珊秋雨，已伴随凋零的花瓣和树叶渗入泥土中。雨点儿敲打着瓦片，散出一层薄薄的烟雾，檐上的雨滴往下滑，晶莹的雨滴打在石阶上，跳动的影子清晰地映入眼帘。一种寒气从远到近、从头到脚升起，不禁打了个激灵，周身的倦怠悄悄远离，让人格外清醒。秋雨没有云雾舒卷的曼妙，没有清水芙蓉的清高，没有雨打芭蕉的幽雅，也没有和风拂柳的韵致。但在这蒙蒙秋雨中，可以期待秋收的喜悦，咀嚼寂寞的快乐，回味忧伤的甜蜜。我不慌不忙，坦荡地迎接着这场秋雨，呼吸着清新的空气，时而仰起头感觉一下秋雨的清凉，任雨从头到脚把自己淋湿……

在乡间等秋雨，听秋雨，看秋雨，最好是在老式的旧房子中。那青石砌到顶的墙，堂屋正面朝南，院子里是黄黄的沙土和葱郁的花草树木，檐下潮湿的地方和屋后的墙脚长满低矮青翠、走上去很滑的青苔。那木格的窗子贴着泛黄的墙纸和红色剪纸的公鸡、荷花，被溅上来的雨水浸润后更显得朦胧。偶尔打开窗户，任那斜风细雨亲吻我的脸庞，然后轻轻地滑落我的衣襟。一阵秋风吹过，你都可以听到窗外那落叶落地的声音，与秋雨一起合奏起一曲美妙的交响曲。推开门，阵阵凉气扑进屋里，时而有黄黄的树叶被吹进屋里，捡起来拂去水迹，轻吻一下，又扔出门外，一丝悲凉留存心中。这个时候只要闭上眼睛静静地听，属于秋的一切就会点点滴滴地进入灵魂！在秋季的雨夜，一个人凭窗用心去聆听那秋风、秋雨的呢喃！快乐的时候，欢笑着敞开自己的心房，把所有属于秋的快乐、秋的风姿、秋的收获全揽入自己的胸怀！伤心的时候，分不清那是泪水还是雨滴！

喜欢在秋雨天中行走的感觉。看那落叶随风飘飘洒洒，轻舞飞扬，而后轻轻地落在地上，以它满腔的热情投入母亲的怀抱，从此化作花肥，回归自然。踩在水里，凉凉的意趣自肌肤一点点渗透至心间，那种恬淡的喜悦会急急扑入我的怀抱。

村东原有一座水库，落了雨，浑浊的水就涨起来，泡沫卷着树叶旋转，满目灰黄的颜色。孩童们瞒了家人，戴顶麦秸编制的草帽，在雨地里跑着，伸手去捉在青草间跳动的青蛙，捉了又放。夏日的黄昏，坐在庭院中歇凉，总会听到它们呱呱的鸣噪，悠远的，却又仿佛很亲近。如今住在城市高楼中，我就很少听到这熟悉的乡音了。

“少年听雨歌楼上，红烛昏罗帐。壮年听雨客舟中，江阔云低断雁叫西风。”随着年龄的增长，人们对雨的感受也有所不同，有了不同的心境。喜欢秋，喜欢秋季里那层薄薄的雾气，喜欢秋天里霜染的红叶，喜欢秋天里的风声过耳，更喜欢不期而遇的阵阵秋雨……一种淡然、一种豁达从秋雨中走出。也就是从这里我感受到生命的细弱与短暂，也同样感受到人生的坎坷与挫折。

8. 雨的随想

⊙汪国真

有时，外面下着雨，心却晴着；又有时，外面晴着，心却下着雨。世界上许多东西在对比中让你品味。心晴的时候，雨也是晴；心雨的时候，晴也是雨。

不过，无论什么样的故事，一逢上下雨便难忘。雨有一种神奇：它能弥漫成一种情调，浸润成一种氛围，镌刻成一种记忆。当然，有时也能瓢泼成一种灾难。

春天的风沙，夏天的溽闷，秋天的干燥，都使人们祈盼着下雨。一场雨还能使空气清新许多，街道明亮许多，“春雨贵如油”，对雨的渴盼不独农人有。

有雨的时候既没有太阳也没有月亮，人们却多不以为然。或许因为有雨的季节气候不冷，让太阳一边凉快会儿也好。有雨的夜晚则另有一番月夜所没有的韵味。有时不由得让人想起李商隐“何当共剪西窗烛，却话巴山夜雨时”的名句。

在小雨中漫步，更有一番难得的惬意。听着雨轻轻叩击大叶杨或梧桐树那阔大的叶片时沙沙的声响，那种滋润到心底的美妙，即使是理查德·克莱德曼钢琴下流淌出的《秋日私语》般雅致的旋律也难以比拟。大自然鬼斧神工般的造化，真是无与伦比。

一对恋人走在小巷里，那情景再寻常不过。但下雨天手中魔术般又多了一把淡蓝色的小伞，身上多了件米黄色的风衣，那效果便又截然不同。一眼望去，雨中的年轻人是一幅耐读的图画。

在北方，一年 365 天中，有雨的日子并不很多。于是若逢上一天，有雨如诗或者有诗如雨，便觉得奇好。

诗词意蕴

中国是一个诗词的国度。中华文明史册上优美的诗词灿若繁星，成为中国文化长廊中一道最为亮丽的风景线。诗言志，词言情，一枝一叶总关情。胸怀天下者，必慷慨而歌，览诸景而思古今；情真意切者，定低回而吟，观万物而念故人。借自然景物抒己之情，自古以来，就是文人墨客的写作主题。热爱生活的人才能拥有灵感慧眼，才能捕捉常人难以发现的诗意，进而借助细致入微的描写，表达对生活细腻的感悟。

阅读本单元的古诗词，要在反复朗读中，感受古诗词的声韵之美，更要发挥自己的想象，进入作者描绘的画面，感受其中的氛围；要学会从景物的选取，景物的色彩、浓淡，描写角度的变化，运用的修辞手法等方面入手，把握作者融于景中的情感。

1. 冬十月

⊙〔东汉末〕曹操

孟冬[①]十月，北风徘徊。
天气肃清，繁霜[②]霏霏[③]。
鹍鸡[④]晨鸣，鸿雁南飞。
鸷鸟[⑤]潜藏，熊罴[⑥]窟栖。
钱镈[⑦]停置，农收积场。
逆旅[⑧]整设[⑨]，以通贾商。
幸甚至哉！歌以咏志。

---

① 孟冬：冬季的第一个月。

② 繁霜：浓霜。

③ 霏霏：飘洒，飞扬。又指浓厚盛多。

④ 鹍（kūn）鸡：古代指像鹤的一种鸟。

⑤ 鸷（zhì）鸟：凶猛的飞禽。

⑥ 熊罴（pí）：熊和罴，皆为猛兽。罴，棕熊。

⑦ 钱镈（jiǎn bó）：钱和镈都是古代的农具。

⑧ 逆旅：旅舍。

⑨ 整设：整齐陈列，指修整开张。

译文

初冬十月，北风呼呼地吹着。

天气清冷，寒霜又厚又密。

鹍鸡鸟在清晨鸣叫着，大雁向南方远去。

猛禽也都藏身匿迹起来，就连猛兽也都入洞安眠了。

农民放下了农具不再劳作，收获的庄稼堆满了谷场。

旅店正在整理布置，以供来往的客商住宿。

我能到这里庆幸得很，高诵诗歌来表达自己的这种感情。

长江名称溯源（二）

长江因穿行于许多省市自治区，所以还有许多地方名称。它的最上游叫作沱沱河，与当曲河合流后，又被叫作通天河。

因川藏之间的峡谷江流盛产沙金，这段长江便被叫作金沙江。金沙江流至四川宜宾附近的岷江口以后，便被叫作川江。川江东段200余千米的河床穿行于峡谷之中，所以又被称为峡江。从湖南城陵矶到湖北枝江这段被称为荆江，以其流经古荆州地区而得名。

2. 天净沙[1]·秋

⊙〔元〕白朴

孤村落日残霞[2]，轻烟老树寒鸦，一点飞鸿影下[3]。青山绿水，白草红叶黄花。

译文

太阳渐渐西沉，天边的晚霞映照着孤寂的村庄。村中炊烟缭绕，几只寒鸦栖息在老树上。忽然，远处的一只大雁从长空飞掠而过。举目四望，山清水秀，霜白的小草、火红的枫叶、金黄的菊花互相映衬。

① 天净沙：曲牌名。

② 残霞：晚霞。

③ 飞鸿影下：雁影掠过。飞鸿，天空中的鸿雁。

1. 却东西门行

⊙〔东汉末〕曹操

鸿雁出塞北，乃在无人乡。
举翅万余里，行止自成行。
冬节食南稻，春日复北翔。
田中有转蓬[1]，随风远飘扬。
长与故根绝，万岁不相当[2]。
奈何[3]此征夫，安得[4]去四方。
戎马不解鞍，铠甲不离傍。
冉冉[5]老将至，何时返故乡。

---

① 转蓬：随风飘转的蓬草。古诗中常喻征夫游子背井离乡的漂泊生活。

② 不相当：不相逢，意思是蓬草飘向远方，与故根分离，永不能会合。

③ 奈何：如何。

④ 安得：怎能。

⑤ 冉冉：渐渐。

神龙藏深泉[①]，猛兽[②]步高冈。
狐死归首丘[③]，故乡安可忘。

译文

大雁生活在遥远的塞北，那是荒凉无人的地方。
举翅飞行万余里，飞行栖息都是结伴而行。
冬天在南方饱食稻谷，春日一到再飞回北方。
田中有一种草叫转蓬，总是随风四处飘扬。
从此永远离开自己的根，万年都不再相逢。
可怜那远征的将士，怎能离开四方归家乡？
战马永远不卸征鞍，铠甲永不离人身旁。
岁月流逝人已渐渐衰老，什么时候才能返回故乡？
神龙藏身在深渊，猛兽漫步在山冈。
狐死头还向山丘，人的故乡怎能忘？

---

① 深泉：原作“深渊”，唐人抄写古书时常把“渊”字改为“泉”，以避唐高祖李渊之讳。

② 猛兽：原作“猛虎”，唐人为避李渊祖父李虎之讳，常把“虎”字改写作“兽”。

③ 狐死归首丘：意为狐狸死时，它的头还向着自己的洞穴。用以比喻心怀故里。屈原《哀郢》中有“鸟飞反故乡兮，狐死必首丘”。

2. 与史郎中钦[①]听黄鹤楼上吹笛

⊙〔唐〕李白

一为迁客[②]去长沙[③]，西望长安不见家。

黄鹤楼中吹玉笛，江城[④]五月《落梅花》[⑤]。

译文

一旦成为被贬外放的官员，就像贾谊去了长沙，日日西看，望不见长安的家乡。

黄鹤楼上传来了一阵阵《梅花落》凄凉的笛音，仿佛五月的江城落满了梅花。

---

① 史郎中钦：郎中史钦，其事迹不详。郎中，官职名。

② 迁客：被贬谪之人。

③ 去长沙：指汉代贾谊的典故。贾谊因受权臣谗毁，被贬为长沙王太傅，曾写《吊屈原赋》以自伤。

④ 江城：指江夏（今湖北省武汉市江夏区），因在长江、汉水之滨，故称江城。

⑤《落梅花》：指笛曲《梅花落》。此处为押韵而倒装，也暗含笛声因风散落之意。一语双关，乃传神之笔。

3. 南　征

⊙〔唐〕杜甫

春岸桃花水[①]，云帆枫树林。
偷生长避地[②]，适远[③]更沾襟。
老病南征日，君恩[④]北望心。
百年[⑤]歌自苦，未见有知音。

译文

桃花汛涨到了湘江两岸，飘忽如云的白帆驶过枫林。
为了活命我避难到异地，漂泊远方一路上泪洒衣襟。
年老多病乘舟南行之时，一颗向北的心啊永念皇恩。
苦苦地写了一辈子诗歌，可叹还没有遇到一个知音。

---

① 桃花水：指桃花盛开时江河里暴涨的水。即春汛，春水。

② 避地：避难而逃往他乡。

③ 适远：到远方去。

④ 君恩：诗人流落成都之时，代宗曾召他补京兆功曹，但是诗人没有接受，后因有严武的表荐，被授为检校工部员外郎，赐绯鱼袋。此句当指此事。

⑤ 百年：指人的一生，一辈子。

4. 奉和贺监林月清酌[1]

⊙〔唐〕王湾

华月当秋满，朝英[2]假兴同。

净林新霁入，规院[3]小凉通。

碎影行筵里，摇花落酒中。

清宵凝爽意，并此助文雄。

译 文

秋月当空，月华盈满，当朝俊杰乘兴同来。

穿林间，清净初晴；入禅院，凉风习习。

花间宴饮，风摇影动似行于席间，飞花坠落偶入酒中。

清静的夜晚我们心情如此爽快，并以此诗增添诗文唱和之盛。

---

① 清酌：本指祭祀用的清酒，此处当意为禅院林下酌酒清赏。

② 朝英：朝廷的英才。

③ 规院：守戒静修之所，多指禅院。

5. 玩月城西门廨中

⊙〔南朝宋〕鲍照

始出西南楼，纤纤如玉钩。
末映东北墀，娟娟似蛾眉。
蛾眉蔽珠栊，玉钩隔琐窗。
三五二八时，千里与君同。
夜移衡汉落，徘徊帷户中。
归华先委露[①]，别叶[②]早辞风。
客游厌苦辛，仕子倦飘尘[③]。
休澣[④]自公日，宴慰[⑤]及私辰[⑥]。

---

① 委露：被露打坏。

② 别叶：离枝的树叶。

③ 飘尘：喻旅途辛劳。

④ 休澣（huàn）：犹“休沐”。指官吏例行休假。澣，同“浣”，洗濯。

⑤ 宴慰：安居。宴和慰都是安的意思。

⑥ 私辰：指假日。

蜀琴[①]抽《白雪》[②]，郢曲[③]发《阳春》。
肴干酒未阕，金壶启夕沦。
回轩驻轻盖，留酌待情人。

译文

初生的月牙儿，照见西南楼；娇小纤细，宛如玉钩。夜阑月西沉，余光辉映着东北面的台阶；残月也妩媚，恰似少女的蛾眉。蛾眉一样的月儿，被珠帘挡在窗外；玉钩般的月儿，透不进琐窗里。十五、十六日，月圆光满时，我与你虽然相隔千里路，却能沐浴在同一片月光里。夜沉沉将尽，星稀稀将落，只剩下月光，迟迟疑疑地照进房门里。残花早已被夜露打落，枯叶也已被凉风吹去。漂泊不定的宦海生涯使我辛苦厌烦，忙忙碌碌的官场应酬也让人倦疲。今天，繁忙的公务之后，得以安静地休息。用古老的蜀琴弹奏着《白雪》调，用美妙的歌喉歌唱着《阳春》曲。盘中的佳肴已经用完，杯中的美酒依然有余，金壶滴漏已尽，月夜即将过去。似应驾车回家小睡，但又决定停住，留下来把杯中的美酒斟满，等待与知心的好友会晤。

---

① 蜀琴：蜀地的琴。汉代蜀人司马相如善弹琴，故称。

②《白雪》：与下句中的《阳春》，都是古代高雅优美的乐曲。

③ 郢（yǐng）曲：楚地的曲子。宋玉《对楚王问》中说，郢地有一个善歌的人唱《阳春》《白雪》，国中能跟着唱的只有数十人。郢，春秋战国时楚国的都城。

6. 送柴侍御[①]

⊙〔唐〕王昌龄

流水通波[②]接武冈[③]，送君不觉有离伤。
青山一道同云雨，明月何曾是两乡[④]。

译 文

河水的波涛连接着武冈，为你送行不觉得有离别的伤感。

你我像一路相连的青山共沐风雨，同顶一轮明月，又何曾身处两地呢?

① 侍御：官职名。

② 通波：四处水路相通。

③ 武冈：今湖南西部武冈市。

④ 两乡：指作者与柴侍御分处的两地。

7. 章台[①]夜思

⊙〔唐〕韦庄

清瑟[②]怨遥夜[③]，绕弦风雨哀。
孤灯闻楚角[④]，残月下章台。
芳草已云暮[⑤]，故人殊[⑥]未来。
乡书不可寄，秋雁又南回。

译文

长夜中凄清的瑟声撩人幽怨，风雨交加增加了弦音的悲哀。
孤灯之下听到楚地号角凄怆，西边一钩残月徐徐落下章台。
芳草渐渐枯萎，已到生命尽头。亲人故友从未来过此地。
鸿雁已往南飞，家书也不能寄回。

---

① 章台：指章华台，春秋时楚国离宫。

② 清瑟：凄清的瑟声。瑟，古代弦乐器。多为二十五弦。这里指乐声。

③ 遥夜：长夜。

④ 楚角：楚地曲调的角声。形容角声悲凉。

⑤ 已云暮：已经晚暮，指春光快要消歇了。云，助词。

⑥ 殊：绝。

8. 子夜吴歌·秋歌[1]

⊙〔唐〕李白

长安一片月，万户捣衣[2]声。
秋风吹不尽，总是玉关情[3]。
何日平胡虏，良人[4]罢[5]远征。

译 文

长安城笼罩在一片月色之中，家家户户传来捣衣的声音。任凭秋风吹也吹不尽，声声都牵系着玉门关外的丈夫。什么时候才能彻底打败敌寇，丈夫可以不再远征。

---

①李白的《子夜吴歌》分咏四季，这是第三首《秋歌》。子夜吴歌，六朝乐府吴声歌曲。《唐书·乐志》："《子夜歌》者，晋曲也。晋有女子名子夜，造此声，声过哀苦。"因起于吴地，又名《子夜吴歌》。《乐府解题》："后人更为四时行乐之词，谓之《子夜四时歌》。"

②捣衣：把织好的布帛放在砧石上用棒捶打，使之柔软，以便缝制衣服。

③玉关情：指对玉门关外戍边丈夫的思念之情。

④良人：古时妻子对丈夫的尊称。

⑤罢：结束。

9. 苏幕遮

⊙〔宋〕范仲淹

碧云天，黄叶地，秋色连波，波上寒烟翠。山映斜阳天接水，芳草无情，更在斜阳外。

黯乡魂[①]，追旅思[②]，夜夜除非[③]，好梦留人睡。明月楼高休独倚，酒入愁肠，化作相思泪。

译 文

白云满天，黄叶遍地，秋天的景色映进江上的碧波，水波上笼罩着苍翠的寒烟。远山沐浴着夕阳，水天相接，岸边的芳草似是无情，一直延伸到西斜的太阳之外。

因思念故乡而黯然神伤，缠人的羁旅愁思难以排遣，每天夜里除非是梦回故乡，才能睡得安稳。当明月照射高楼时不想独自依倚望远，端起酒来灌入愁肠，都化作相思泪。

---

① 黯乡魂：因思念家乡而黯然神伤。语出江淹《别赋》："黯然销魂者，唯别而已矣。"黯，指心情沮丧。

② 追旅思：撇不开羁旅的愁思。追，这里有缠住不放的意思。

③ 夜夜除非："除非夜夜"的倒装。按文意接上后一句应作"除非夜夜好梦留人睡"。

10. 凭阑人·江夜

⊙〔元〕张可久

江水澄澄[①]江月明，江上何人搊[②]玉筝？隔江和泪[③]听，满江长叹声。

译文

江水清澈，江月空明，是何人在江上弹拨玉筝？
隔着江水含泪静听，望着滔滔江水不禁一声长叹。

---

① 澄澄：形容水清澈明净的样子。

② 搊（chōu）：弹拨（乐器）。

③ 和泪：含着泪水。

11. 水仙子·夜雨

⊙〔元〕徐再思

一声梧叶一声秋，一点芭蕉一点愁，三更归梦[①]三更后。落灯花[②]棋未收，叹新丰孤馆人留[③]。枕上十年事，江南[④]二老[⑤]忧，都到心头。

译文

梧桐叶上的每一滴雨，都让人感到浓浓的秋意；滴落在芭蕉叶上的嘀嗒雨声，使得愁思更浓。夜里做着的归家好梦，一直延续到三更之后。醒来发现灯花落下，棋子还未收，叹息又将滞留在这新丰客舍。十年宦海奋斗的情景，江南家乡父母的担忧，一时间都涌上了心头。

---

① 归梦：梦归故乡。

② 灯花：灯芯余烬结成的花形。

③ 叹新丰孤馆人留：化用马周困于新丰的典故。据《新唐书·马周传》记载，唐初中书令马周贫贱时，曾住在新丰的旅舍，遭到店主的冷落。新丰，地名，在今陕西省西安市临潼区东北。孤馆人留，一作“逆旅淹留”。

④ 江南：指作者的家乡，即浙江嘉兴一带。

⑤ 二老：父母双亲。

12. 傍妆台·自叙（节选）

⊙〔明〕夏完淳

客愁新，一帘秋影月黄昏。几回梦断三江[①]月，愁杀五湖[②]春。霜前白雁樽前泪，醉里青山梦里人。英雄恨，泪满巾，响丁东玉漏[③]声频。

译文

客居他乡的愁绪初上心头，正是秋日黄昏后月上帘栊之时。月映三江，春归五湖，江山如此，梦醒时几番愁绪。眼前清霜将降，白雁归飞，不由樽前泪滴，思量醉里河山，梦中人物。英雄憾恨，泣下沾襟，无奈听玉漏声声，丁东处时光暗过。

---

① 三江：指松江、娄江、东江，这里指夏完淳的故乡。

② 五湖：这里特指太湖地区。

③ 玉漏：古代用于计时的漏壶的美称。

单元学习任务

任务一

“诗中有画，画中有诗”，是古诗创作所追求的一种境界。本单元所选的古诗描绘了各种景色，抒发了作者真挚的情感。请你选择其中一首古诗，为其设计一幅插图，将古诗留给你的最美画面呈现出来，并把古诗书写在其中。与同学交流时，说说你的创作思路。

	创作思路：

任务二

“一切景语皆情语”，情景交融是我国古诗词的重要特色。诵读本单元诗词，选择你最喜欢的一首，简要说说诗人是如何将景和情有机结合在一起的。

景：

情：

____

____

____

____

____

任务三

意象就是寓“意”之“象”，是用来寄托主观情思的客观物象。月，是古诗词中最常见的意象之一，它具有丰富的情感内涵，历来被人们视为寄托情感的对象。请你在本单元的古诗词中找一找描写月亮的句子，反复朗读，感受其描绘的意境，体会作者的情感。

热爱生活，热爱写作

日月经天、江河行地、春风夏雨、秋霜冬雪，大自然生生不息，四时景物美不胜收。一山一水中，蕴着秋意；一树一花里，藏着深情。用眼去看，用耳去听，用心感受，在细心的观察中，揣摩、联想、思考，我们可以发现自然之美、自然之趣、自然之理。开始新的学习生活，新校园、新老师、新同学、新的见闻感受；回顾过去的生活，点点滴滴、特殊的记忆、难忘的瞬间，这些都是写作的极好素材。认真思考，细心筛选，精心提炼，开始你的创作吧！

阅读完本单元文章后，要在写景时，安排好写景的顺序，抓住景物特征，尝试运用比喻、比拟等修辞手法和联想与想象等写作手法，增添语言文字表现力；描写校园生活、成长经历时要安排好篇章结构，交代清楚记叙要素，写出自己的真实感受。

片段集锦

【范例 1】

不逢北国之秋，已十余年了。在南方每年到了秋天，总要想起陶然亭的芦花，钓鱼台的柳影，西山的虫唱，玉泉的夜月，潭柘寺的钟声。在北平即使不出门去吧，就是在皇城人海之中，租人家一椽破屋来住着，早晨起来，泡一碗浓茶，向院子一坐，你也能看得到很高很高的碧绿的天色，听得到青天下驯鸽的飞声。从槐树叶底，朝东细数着一丝一丝漏下来的日光，或在破壁腰中，静对着像喇叭似的牵牛花（朝荣）的蓝朵，自然而然地也能够感觉到十分的秋意。说到了牵牛花，我以为以蓝色或白色者为佳，紫黑色次之，淡红者最下。最好，还要在牵牛花底，教长着几根疏疏落落的尖细且长的秋草，使作陪衬。

（郁达夫《故都的秋》）

【范例 2】

小湖南面有一座小山，山与湖之间是一排高大的银杏树。几天不见，竟变成一座金黄屏障，遮住了山，映进了水。扇形叶子落了一地，铺满了绕湖的小径。似乎这金黄屏障向四周渗透，无限地扩大了。循路走去，湖东侧一片鲜红跳进眼帘。这样耀眼的红叶！不是黄栌，黄栌的红较暗；不是枫叶，枫叶的红较深。这红叶着了雨，远看鲜亮极了；近看时，是对称的长形叶子，地下也有不少，成了薄薄一层红毡。在小片鲜红和高大的金屏障之间，还有深浅不同的绿，深浅不同的褐、棕等丰富的颜色环抱着澄明的秋水。冷冷的几滴秋雨，更给整个景色添了几分朦胧，似乎除了眼前的一切，还有别的蕴藏。

（宗璞《秋韵》）

【范例 3】

碧云天，黄叶地……

湖波的微语，落叶的沙沙声，轻轻地协奏着一支秋的小曲。苏堤像一条青黄相间的绒带，默默地伸向水烟迷蒙的湖心……

（赵丽宏《西湖秋意》）

【范例 4】

刘老师教我们历史课。

他个子不高，微微发胖的脸上有一双时常眯起来的慈祥的眼睛，一头花白的短发更衬出他的忠厚。他有一条强壮的右腿，而左腿，膝盖以下被全部截去了，靠一根圆木拐杖支撑着。这条腿是什么时候、为什么截去，我们不知道。只是有一次，他在讲课的时候讲到女娲造人的传说，笑着对我们说："……女娲用手捏泥人捏得累了，便用树枝沾起泥巴向地上甩。甩到地上的泥巴也变成人，只是有的人由于女娲甩的力量太大，被甩丢了腿和胳膊。我就是那时候被她甩掉了一条腿的。"教室里自然腾起一片笑声，但笑过之后，每个学生的心里都飘起一股酸涩的感情，同时更增加了对刘老师的尊敬。

他只靠着健壮的右腿和一支圆木棍，一天站上好几个小时，为我们讲课。逢到要写板书的时候，他用圆木棍撑地，右腿离地，身体急速地一转，便转向黑板。写完了粗壮的粉笔字，又以拐杖为圆心，再转向讲台。一个年过半百的老师，一天不知要这样跳跃旋转多少次。而他每次的一转，都引起学生们一次激动的心跳。

（苏叔阳《理想的风筝》）

【范例 5】

这里是我的永远的校园，从未名湖曲折向西，有荷塘垂柳、江南烟景，从镜春园进入朗润园，从成府小街东迤，入燕东园林荫曲径，以燕园为中心向四面放射性扩张，那里有诸多这样的道路。年复一年，日复一日，那里行进着一些衣饰朴素的人。从青年到老年，他们步履稳健、仪态从容，一切都如这座北方古城那样质朴平常。但此刻与你默默交臂而过的，很可能就是科学和学术上的巨人。当然，跟随在他们身后的，有更多他们的学生，作为自由思想的继承者，他们默默地接受并奔涌着前辈学者身上的血液——作为精神品质不可见却实际拥有的伟力。

（谢冕《永远的校园》）

1. 夏　感

⊙梁　衡

充满整个夏天的是一个紧张、热烈、急促的旋律。好像炉子上的一锅冷水在逐渐泛泡、冒气而终于沸腾一样，山坡上的芊芊细草渐渐滋成一片密密的厚发，林带上的淡淡绿烟也凝成了一堵黛色长墙。轻飞曼舞的蜂蝶不多见了，却换来烦人的蝉儿，潜在树叶间一声声地长鸣。火红的太阳烘烤着一片金黄的大地，麦浪翻滚着，扑打着远处的山、天上的云，扑打着公路上的汽车，像海浪涌着一艘艘的舰船。金色主宰了世界上的一切，热风浮动着，飘过田野，吹送着已熟透了的麦香。那春天的灵秀之气经过半年的积蓄，这时已酿成一种磅礴之势，在田野上滚动，在天地间升腾。夏天到了。

“紧张、热烈、急促”三个词总体概括了夏的特点。

植物的生长如同冷水被加热泛泡、沸腾，这是怎样的情景呢？新奇的比喻，非凡的想象带来动人的艺术效果。

“扑打”这个词用得好不好？你有什么感受？

夏天的色彩是金黄的。按绘画的观点，这大约有其中的道理。春之色为冷的绿，如碧波，如嫩竹，贮满希望之情；秋之色为热的赤，如夕阳，如红叶，标志着事物的终极。夏正当春华秋实之间，自然应了这中性的黄色——收获之已有而希望还未尽，正是一个承前启后、生命交替的旺季。你看，麦子刚刚割过，田间那挑着七八片绿叶的棉苗，那朝天举着喇叭筒的高粱、玉米，那在地上匍匐前进的瓜秧，无不迸发出旺盛的活力。这时它们已不是在春风微雨中细滋慢长，而是在暑气的蒸腾下，蓬蓬勃发，向秋的终点做着最后的冲刺。

试着按照这个句式，写一个你心中、你眼中的冬之色。

夏天的旋律是紧张的，人们的每一根神经都被绷紧。你看田间那些挥镰的农民，弯着腰，流着汗，只是想着快割，快割；麦子上场了，又想着快打，快打。他们早起晚睡亦够苦了，半夜醒来还要听听窗纸，可是起了风；看看窗外，可是天空遮上了云。麦子打完了，该松一口气了，又得赶快去给秋苗追肥、浇水。“田家少闲月，五月人倍忙”，他们的肩上挑着夏秋两季。

从农民的劳动场面展现夏的紧张与繁忙。

结尾抒情点题，表达了作者对夏季的赞美之情。想一想，作者为什么要大声赞美夏季呢？结合加点词语思考。

遗憾的是，历代文人不知写了多少春花秋月，却极少有夏的影子。大概春日融融，秋波澹澹，而夏呢，总是浸在苦涩的汗水里。有闲情逸致的人，自然不喜欢这种紧张的旋律。我却要大声地赞美这个春与秋之间的黄金的夏季。

1984 年 6 月

黄河名称的由来

在 2000 多年以前，黄河只是叫“河”，名称中没有“黄”字。《诗经》中许多篇章都提到过。那时的黄河水还比较清澈。《尚书·禹贡》载：“导河积石，至于龙门。”这里的“河”指的就是黄河。

后来，由于气候变迁，以及大兴土木、滥砍森林，导致环境恶化。黄土高原泥沙大量流失，注入黄河，黄河才变成浑浊黄汤般模样，于是两岸百姓逐渐称呼其为“黄河”。

2. 忆儿时（节选）

⊙丰子恺

有一件不能忘却的事，是父亲的中秋赏月，而赏月之乐的中心，在于吃蟹。

我的父亲中了举人之后，科举就废，他无事在家，每天吃酒、看书。他不要吃羊、牛、猪肉，而喜欢吃鱼、虾之类。而对于蟹，尤其喜欢。自七八月起直到冬天，父亲平日的晚酌规定吃一只蟹，一碗隔壁豆腐店里买来的开锅热豆腐干。他的晚酌，时间总在黄昏。八仙桌上一盏洋油灯，一把紫砂酒壶，一只盛热豆腐干的碎瓷盖碗，一把水烟筒，一本书，桌子角上一只端坐的老猫，我脑中这印象非常深刻，到现在还可以清楚地浮现出来，我在旁边看，有时他给我一只蟹脚或半块豆腐干。然而我喜欢蟹脚。蟹的味道真好，我们五个姊妹兄弟，都喜欢吃，也是为了父亲喜欢吃的缘故。只有母亲与我们相反，喜欢吃肉，而不喜欢又不会吃蟹，吃的时候常常被蟹螯上的刺刺开手指，出血；而且抉剔得很不干净，父亲常常说她是外行。父亲说："吃蟹是风雅的事，吃法也要内行才懂得。先折蟹脚，后开蟹斗……脚上的拳头（即关节）里的肉怎样可以吃干净，脐里的肉怎样可以剔出……脚爪可以当作剔肉的针……蟹螯上的骨头可以拼成一只很好看的蝴蝶……”父亲吃蟹真是内行，吃得非常干净。所以陈妈妈说：“老爷吃下来的蟹壳，真是蟹壳。”

蟹的储藏所，就在天井角落里的缸里，经常总养着十来只。到了七夕、七月半、中秋、重阳等节候上，缸里的蟹就满了，那时我们都有得吃，而且每人得吃一大只，或一只半。尤其是中秋一天，兴致更浓。在深黄昏，移桌子到隔壁的白场上的月光下面去吃。更深人静，明月底下只有我们一家的人，恰好围成一桌，此外只有一个供差使的红英坐在旁边。大家谈笑，看月亮，他们——父亲和诸姐——直到月落时光，我则半途睡去，与父亲和诸姐不分而散。

这原是为了父亲嗜蟹，以吃蟹为中心而举行的。故这种夜宴，不仅限于中秋，有蟹的季节里的月夜，无端也要举行数次。不过不是良辰佳节，我们少吃一点，有时两人分吃一只。我们都学父亲，剥得很精细，剥出来的肉不是立刻吃的，都积受在蟹斗里，剥完之后，放一点姜醋，拌一拌，就作为下饭的菜，此外没有别的菜了。因为父亲吃菜是很省的，而且他说蟹是至味，吃蟹时混吃别的菜肴，是乏味的。我们也学他，半蟹斗的蟹肉，过两碗饭还有余，就可得父亲的称赞，又可以白口吃下余多的蟹肉，所以大家都勉励节省。现在回想那时候，半条蟹腿肉要过两大口饭，这滋味真好！

自父亲去世以后，我不曾再尝这种好滋味。现在，我已经自己做父亲，况且已经茹素，当然永远不会再尝这滋味了。唉！儿时欢乐，何等使我神往！

泾渭分明

“泾渭分明”是人们常用到的一个词语，《现代汉语词典》（第7版）的解释是：“泾河水清，渭河水浑，泾河的水流入渭河时，清浊不混，比喻界限清楚。”

但在历史上，泾渭两河的清浊问题并不是一成不变的。春秋时期是泾清渭浊，战国后期到西晋初年却成了泾浊渭清，南北朝时期再度成为泾清渭浊，南北朝末年到隋唐时期又变成泾浊渭清，隋唐以后又成了泾清渭浊。

泾渭清浊的历史变化，与当地植被的保护与毁坏以及水土流失是否严重有密切的关系。不同历史时期在泾水和渭水上游地方开发程度的不同，导致了这两条河流含沙量的变化，故在不同时期呈现出不同的清浊状况。

3. 故乡的元宵

⊙汪曾祺

故乡的元宵是并不热闹的。

没有狮子、龙灯，没有高跷，没有跑旱船，没有“大头和尚戏柳翠”，没有花担子、茶担子。这些都在七月十五“迎会”——赛城隍时才有，元宵是没有的。很多地方兴“闹元宵”，我们那里的元宵却是静静的。

有几年，有送麒麟的。上午，三个乡下的汉子，一个举着麒麟——一张长板凳，外面糊纸扎的麒麟，一个敲小锣，一个打镲，咚咚当当敲一气，齐声唱一些吉利的歌。每一段开头都是“格炸炸”：

格炸炸，格炸炸，

麒麟送子到你家……

我对这“格炸炸”印象很深。这是什么意思呢？这是状声词？状的什么声呢？送麒麟的没有表演，没有动作，曲调也很简单。送麒麟的来了，一点也不叫人兴奋，只听得一连串的“格炸炸”。“格炸炸”完了，祖母就给他们一点钱。

草巷口有个吹糖人的。孙猴子舞大刀、老鼠偷油。

北市口有捏面人的。青蛇、白蛇、老渔翁。老渔翁的蓑衣是从药店里买来的夏枯草做的。

到天地坛看人拉“天嗡子”——即抖空竹，拉得很响，天嗡子蛮牛似的叫。

到泰山庙看老妈妈烧香。一个老妈妈鞋底有牛屎，干了。

一天快过去了。

不过元宵要等到晚上，上了灯，才算。元宵元宵嘛。我们那里一般不叫元宵，叫灯节。灯节要过几天，十三上灯，十七落灯。“正日子”是十五。

各屋里的灯都点起来了。大妈（大伯母）屋里是四盏玻璃方灯。二妈屋里是画了红寿字的白明角琉璃灯，还有一张珠子灯。我的继母屋里点的是红琉璃泡子。一屋子灯光，明亮而温柔，显得很吉祥。

上街去看走马灯。连万顺家的走马灯很大。“乡下人不识走马灯——又来了。”走马灯不过是来回转动的车、马、人（兵）的影子，但也能看它转几圈。后来我自己也动手做了一个，点了蜡烛，看着里面的纸轮一样转了起来，外面的纸屏上一样映出了影子，很欣喜。乾陞和的走马灯并不“走”，只是一个长方的纸箱子，正面白纸上有一些彩色的小人，小人连着一根头发丝，烛火烘热了发丝，小人的手脚会上下动。它虽然不“走”，我们还是叫它走马灯。要不，叫它什么灯呢？这外面的小人是唐僧、孙悟空、猪八戒、沙和尚。整个画面表现的是《西游记》唐僧取经。

孩子有自己的灯。兔子灯、绣球灯、马灯……兔子灯大都是自己动手做的。下面安四个轱辘，可以拉着走。兔子灯其实不大像兔子，脸是圆的，眼睛是弯弯的，像人的眼睛，还有两道弯弯的眉毛！绣球灯、马灯都是买的。绣球灯是一个多面的纸扎的球，有一个篾制的架子，架子上有一根竹竿，架子下有两个轱辘，手执竹竿，向前推移，球即不停滚动。马灯是两段，一个马头，一个马屁股，用带子系在身上。西瓜灯、蛤蟆灯、鱼灯，这些手提的灯，是小孩玩的。

有一个习俗可能是外地所没有的：看围屏。硬木长方框，约三尺高，尺半宽，镶绢，上画工笔演义小说人物故事，灯节前装好，一堂围屏约三十幅，屏后点蜡烛。这实际上是照得透亮的连环画。看围屏有两处，一处在炼阳观的偏殿，一处在附设在城隍庙里的火神庙。炼阳观画的是《封神榜》，火神庙画的是《三国》。围屏看了多少年，但还是年年看。好像不看围屏就不算过灯节似的。

街上有人放花。

有人放高升（起火），不多的几支。起火升到天上，嗤——灭了。

天上有一盏红灯笼。竹篾为骨，外糊红纸，一个长方的筒，里面点了蜡烛，放到天上，灯笼是很好放的，连脑线都不用，在一个角上系上线，就能飞上去。灯笼在天上微微飘动，不知道为什么，看了使人有一点薄薄的凄凉。

年过完了，明天十六，所有店铺就“大开门”了。我们那里，初一到初五，店铺都不开门。初六打开两扇排门，卖一点市民必需的东西，叫作“小开门”。十六把全部排门卸掉，放一挂鞭，几个炮仗，叫作“大开门”，开始正常营业。年，就这样过去了。

“天涯海角”的由来

海南省三亚市南面海滩上有一立石，上刻“天涯”二字，据清代《崖州志》记载，乃雍正年间崖州知州程哲所刻。其右侧又有卧石，上刻“海角”二字。而在“天涯”“海角”两块大石东面几百米处还有一块圆锥形奇石，刻有“南天一柱”四个大字，是清末崖州知州范云梯所书。

我国古代有“天圆地方”之说，是不是古人真的以为这里就是“天之涯，海之角”呢？当然也有可能。但另一解释是，在漫长的封建社会，海南岛被用来作为流放犯人的地方。充军到这里的人历尽跋涉之苦，九死一生。由于这种心情，视崖州之滨为“天涯海角”也。

4. 童年絮味

⊙舒　婷

我童年的玩具只有一个布娃娃，她的塑胶面具很快就损坏剥落，剩下一个光秃秃扁平的布脑袋。我只好用铅笔、钢笔、彩笔为它整容，随心所欲描绘卷曲的睫毛、整齐的刘海、鲜红的樱桃小冠。我怀中的宠物因此面目常新。我还搜遍外婆的针线筐，寻出碎布头，做小帽子做小裙子，甚至做了一件游泳衣。我的妹妹羡慕极了，她也有一个极不成形的小布娃，为央求我也给打扮打扮，主动勤奋地给我的洋娃娃洗澡。结果我的可怜的娇滴滴的小美人，真正成了一袋湿漉漉的细糠，吊在晾衣绳上晃荡。那几天，妹妹畏畏缩缩小老鼠一样，我脸上自然是雷霆万钧。

再记不起有其他玩具了。

我的小儿子时常把无数玩具与图书弃之一地，百无聊赖地将自己倒置在沙发上，头朝下问："妈妈我今天干什么？"小时候我若也这样问妈妈，她必定掴我一巴掌。其实我记得我们总是很忙，却不是忙着做作业。作业当然是要做的，从未听说过有哪个孩子因为做作业而没有时间玩。那时节房子少，荒地多，捉蝴蝶粘蜻蜓，挖蚯蚓钓鱼，喇叭花心有蜜汁可啜，桑树上可以采到紫红的桑葚，甚至钻防空洞。

连家门口那条有名的九曲巷都是捉迷藏的大好场所。

跟我外婆上扫盲班没几天，大约认得十来个字，我就不可一世起来，不理睬邻居小伙伴的叫唤，怀抱舅舅的一本精装英汉大字典，坐在大门铁栏内，唱歌般大声读书。过往行人不禁驻足，讶然[①]侧耳，等听清这位“小神童”读来读去都是这几个字：“上下左右多少……”皆捂嘴走开。这时我还未上学，却已不满足妈妈给扎的两条小辫，自己对镜梳妆，一下子编了六条小辫子，扎上各色花布条，左顾右盼美极了。我大姨妈及妈妈相偕下班回家，看见一个小妖精在大门口跳橡皮筋，先是前俯后仰，等看清是我，差点背过气去。

据说外祖父生意亨通时，家中有四个丫头，但妈妈每天早上仍要扫地后才能上学，若扫得不干净，即便走出大门仍要被外婆厉叱回来返工。等我刚懂事，非但生意收了十几年，家当也告竭，母亲更是教导我要谦虚做人。很小我就自己洗衣服，洗自己的碗，还要接受外婆严格的检查，渐成习惯。譬如洗地板，必用棕刷将每块方砖刷得通红，洗完以后骑在楼梯的扶手上陶醉半天。犹如现在抄稿子，若有涂改必撕去重来，抄毕，如同几十年前一样，

---

① 讶然：惊讶的样子。

在自家的劳动成果前心旷神怡。

我的玩伴很多，不似现在的孩子，总是被封锁在各个单元里苦读书。那时的邻居，常常不打招呼来到厨房撮一匙盐就走；说不定明天突然下雨，回来就见你晾的床单已叠好放在饭桌上。小孩子更是在各家随意走动，“扁头”啦“傻呆”啦各种绰号常常一生都蹭不掉。

我最忠实的影子是我的妹妹，虽只比我小两岁，却视我为绝对权威。她生性驯良，常常哭着从学校回来。我屡屡替她出征，大多告捷。

有次对方的姐姐邀来一帮高年级同学助拳，我眼见敌不过，抡起书包，呼呼有声，果然全部吓退。从那以后，妹妹学会此招，再不要我护送。

她的铅笔盒总是被甩开，铅笔、橡皮、小刀四下里乱飞，不知吃我妈妈多少巴掌，头还昂着，脸上一派胜利者的光辉。

我的小表妹常来外婆家过周末，夏夜我们贪南风，铺竹席睡长廊。

以一张破藤桌为舞台，一本正经地自己报幕，然后尽丹田之气，鬼叫狼嚎。歌毕，立即“吱呀”一声巨响跳下藤桌，趴在栏杆上往下瞧，数数聚在门口的听众有多少，每次都是我的表妹取胜。她后来考进一家文工团，在真正的舞台上颇出风头，想必与当年肆无忌惮地拔嗓子有关。

啊，夏天最是快活，夏天有长长的假期，可以整天泡在海水里。

度完暑假的孩子都晒得黝黑，动作更加机灵，突然长高了许多。秋天的南方阳光最浓稠，而且不炙人[①]，秋游野餐，秋季运动会陆续举行。

冬天也不错，人人想着过春节，新衣服、压岁钱、放鞭炮，一年中最重要的节日在前头等着，冬日的寒风又算得了什么！

我害怕春天的梅雨，因为买不起一双雨鞋。上学路上我的小布鞋就灌满了水，泡着我的脚整整一天。次日上学，鞋子仍是湿的，把脚伸进去时我总是咬着牙噙着泪。后来改成塑料凉鞋，仍是又湿又冷。

这么多年了，我一到冬末就开始病态地数着日子等梅雨。毛衣被褥洗了又晒了，梅雨还不来，我就焦灼不安，就像小时丢了东西，回家等妈妈发火，可妈妈脸上却不见动静，害得我做不下作业，眼睛跟着妈妈在屋子里乱转。

所以，无论我那赶时髦的儿子怎样噘嘴跺脚抗议，每年雨季来临之前，我都要给他买一双结实的小雨鞋。

---

① 炙（zhì）人：这里是日晒烤人的意思。

5. 那些鸟会认人

⊙刘亮程

我们搬走了，那窝老鼠还要生活下去，偷吃冯三的粮食。鸟会落在剩下的几棵树上，更多的鸟会落到别人家树上，也许全挤在我们砍剩的那几棵树上，叽叽喳喳一阵乱叫。鸟不知道院子里发生了啥事。但它们知道那些树不见了。筑着它们鸟窝的那些树枝乱扔在地上，精心搭筑的鸟窝和窝里的全部生活像一碗饭扣翻在地上。

冯三一个人在屋里听鸟叫。我们没有把鸟叫算成钱卖给冯三，我们带不走那些鸟，带不走筑着鸟窝的树枝。那些枝繁叶茂的树砍倒后，我们只拿走主干，其余的全扔在地上。我们经营了多少年才让成群的鸟落到院子，一早一晚，鸟的叫声像绵密细雨洒进粗糙的牛哞驴鸣里。那些鸟是我们家的。我们一家十六只耳朵听鸟叫。冯三一个人，眼睛不好使，耳朵也有些背。从此那些鸟将没人听地叫下去，都叫些什么我们再不会知道。

大多是麻雀在叫。麻雀的口音与我们相近，一听就是很近的乡邻。树一房高时它们在树梢上筑窠，好像有点害怕我们，把窠藏在叶子中间，以为我们看不见。后来树一年年长高，鸟窠便被举到高处，都快高过房顶一房高了，可能鸟觉得太高了，下到地上啄食不方便，又往下挪了几个树枝，也不遮遮掩掩了。

夏天经常有身上没毛的小鸟从树上掉下来，像我们小时候从炕上掉下来一样，扯着嗓子直叫。大鸟也在一旁叫，它没办法把小鸟弄到窝里去，眼睁睁看着叫猫吃掉，叫一群蚂蚁活活拖走。碰巧被我们收工放学回来看见了，赶快捡起来，仰起头瞅准了是哪个窝里掉下来的，爬上树给放回去。

一般来说爬树都是我的事，四弟也很能爬树，上得比我还高。不过我们很少上到树上去惹鸟。鸟跟我们吵过好几架，有点怕惹它们了。一次是我上去送一只小鸟，爬到那个高过房顶的横枝上，窝里有八只鸟蛋的时候我偷偷上来过一次，蛋放在手心玩了好一阵又原放进去。这次窝里伸出七八只小头，全对着我叫。头上一大群鸟在尖叫。鸟以为我要毁它的窝伤它的孩子，一会儿扑啦啦落在头顶树枝上，边叫边用雨点般的鸟粪袭击我。一会儿落到院墙上，对着我们家门窗直叫，嗓子都直了，叫出血了。那声音听上去就是在骂人。母亲烦了，出门朝树上喊一声："快下来，再别惹鸟了。"

另一次是风把晾在绳上的红被单刮到树梢，正好蒙在一个鸟窠上，四弟拿一根木棍上去取，惹得鸟大叫了一晌午。

还有一次，一只鹞子落在树上，鸟全惊飞到房顶和羊圈棚上乱叫。狗也对着树上叫，鸡和羊也望着树上。我们走出屋子，见一只灰色大鸟站在树杈上。父亲说是鹞子，专吃鸽子和鸟，我捡了块土块扔过去，它飞走了。

除了麻雀，有时房檐会落两只喜鹊，树梢站一只猫头鹰，还有声音清脆的黄雀时时飞来。它们从不在我们家树上筑窠，好像也从不把黄沙梁当家。它们往别处去，飞累了落在树枝上歇会儿脚，对着院子里的人和牲畜叫几声。

“那堆苞谷赶紧收进去，要下雨啦。”

“镰刀用完了就挂到墙上。锨立在墙角。别满院子乱扔。”

我觉得它们像一些巡逻官，高高在上训我们，只是话音像唱歌一样好听。乘人不注意飞下来叨一口食，又远远飞走。飞出院子飞过村子，再几年都见不到。

那些麻雀会认人呢，我对父亲说。昨天我在南梁坡割草，一只麻雀老围着我叫，我以为它想偷吃我背包里的馍馍。我低头割草，它就落在前面的草枝上对着我叫，我捆草时它又落到地上对着我叫。后来我才发现是我们家树上的一只鸟，左爪内侧有一小撮白毛，在院子里胆子特别大，敢走到人脚边觅食吃，所以我认下了。刚才我又看见了它，站在白母羊背上捡草籽吃。

鸟就是认人呢，大哥也说。那天他到野滩打柴，就看见我们家树上几只鸟。也不知道它们跑那么远去干啥。是跟着牛车去的，还是在滩里碰上了。它们一直围着牛转，叽叽喳喳，像对人说话。大哥装好柴后它们落到柴车上，四只并排站在一根柴火上，一直跟着牛车回到家。

6. 回忆吾师田宝龙

⊙王明翔

每当夜间疲倦，正想偷懒时，我在灯下却总能瞥见那潇洒的签名，想起他当年对我的教诲，对我的殷切期望。一幕幕如电影般，历历地映在眼前。

只可惜，诲犹在，人不复……

我与田老师的相见，是命运轨道的一次相交。记得那时教我们的物理老师生重病，学校找老师代课。于是，一位男教师，剪个寸头，穿件普通的格子衬衫，挺直身子，大踏步走上讲台。立定之后，绷着脸，环视一圈，朗声说道："从今以后，由我来教咱们班的物理课，我姓田，叫田宝龙。"转过身，"当当当"，在黑板上砸上他的名字。字很潇洒！

"这老师蛮严肃的嘛。"我心想。

可相处的时日一多我便发现，田老师也蛮幽默的。譬如讲质量时，说起正常人的质量是六十五千克，他便指着一略胖的同学，说："这位便一定是七十五千克。"下面大笑。该同学从此便多一“七十五”之外号。再比如一同学的问题很奇怪，他便说“你一定是在火星，信号不好”，大笑又起。他再接着讲质量不变之理。再有“白气不是气，液化小水滴”“雾露白气是液化，霜雪冰花是凝华”的“惊世奇诗”，在谈笑间扫清知识障碍。他总是想办法让我们在他的课堂学得轻松。

这饱含苦心的幽默也表现在对学生之鞭策上。一次大考前，他单独找到在成绩震荡中倍受煎熬的我，谈了很多话，总之是鼓励我。我记得他对我的要求：“我不管你考多少分，只要是物理全年级第一就行。”见我还愣愣的，他便调侃道：“怎么，你还嫌低，那便定为 71 分吧。”（物理考试满分为 70 分）说罢，他大笑，笑得那么狡黠，也那么真诚。那次大考后，我吃到了他给我买的“全家桶”。说实在的，那些道理我记不住了，这不讲道理的话，我却至今也不忘。

田老师不是一位唯考试论的老师。他的课堂里有物理的前沿知识，有丰富的实例解析，更有科学的探究执法，譬如分解法、类比法……这些让我受益匪浅。他讲“内燃机”一节时，不自觉地为我们讲起涡轮增压。他来回踱步，妙语不断，讲至激动处，目光炯炯，手舞足蹈，仿佛已把宇宙剖开，一切原理已在他面前呈现，而他要急切地把它传授给我们，恨不得全身都发出光来。真一派科学狂人风范！

田老师为学更力求严谨。譬如做实验，田老师一直坚持分析实验，并多次指出书中实验不妥之处。一次向他请教，我的自负与疏忽把请教变成了“辩论”。还记得他当时那番模样：手指在试卷上乱点，嘴唇不停上下磕动，脸上火一般红，眼睛里喷出真诚而又有些凶狠的光，直直地射向我，我感到了莫名的不自在。他却完全忽视，专注地瞪着那个小数点。在道理面前，我低下了头。

和他相处近一年，他匆匆地来，认真地传道授业，成为我们建班以来最受爱戴的老师和最受欢迎的朋友。可这终究阻挡不了他得匆匆地走。我们终究是相交线。最后那天，全班大半的同学都去送他，有很多同学还哭了。他却叫我们不要难过，告诉我们不要搞得那么伤感。可事实上他又是那最伤感的人啊。他又是穿着初见我们时的衬衫，大踏步走着，直挺挺走着，走出了我们的视线。

窗外没有杨柳依依。

过后复习时，同学们不约而同地吟出“雾露白气是液化……”，会心地笑笑，讲台上，那个挺拔的身影早已不在。

他离别时送我的签名，连同他的讲义，被我压在桌面的水晶板下，每当我懒病发作时便得以瞥见，如同看见他的做人风范、求真精神，促使我振作起来，继续朝着他对我的要求努力下去。

（学生习作）

7. 我的老师

⊙盛一诺

课下，还是那身旧西装，略驼着背，就像隔壁退休的老爷爷，但一站在讲台上就格外抖擞，连课前“上课”的彼此问好都是准军事化的！

这，就是我们的化学老师老马。

老马年纪不小了，略显方形的脸上沟壑纵横，眼镜片后目光灼灼，一与同学眼神中的倦怠对视，便立刻神采奕奕。他的粉笔字就像他板着的脸，线条清晰，一会儿在这里下一个符号，一会儿又在那边列个名称，敏捷得就像是一只松鼠。当我们云山雾罩之际，老马再潇洒甩出几条线、几个括号，一幅完整的知识网络图就像藏宝图一样凸显在黑板上。一堂课下来，繁杂紊乱的知识在我们头脑里理成了线，冗长乏味的段落捋出了思路。这时，老马那脸上的线条就会攒成一朵花，竟然会和蔼地问道：“懂不懂啊？”令人愕然。

印象最深的，是老马讲难题时候的“狡猾”。先是一道例题，他说是餐前开胃菜，蔑视地问道："会了吗？"我们纷纷不齿地说："会了！会了！"于是，他乜斜起一只眼，在原题添上一个条件，一手叉腰，冷冷地说："做吧！"看着我们面色涨红、抓耳挠腮，老马神气地一撩西服，冷笑数声："你们啊，是油梭子发白，还欠练！"完全是老一辈"革命家"的口吻。他假装不屑地讲完后，又加上一个条件，继续为难大家……最后，总是由浅入深，把难点一一攻破，"这回会了吗？"他又冷脸发问。我们都笑了，但没人再敢装蒜了。他笑道："没有更难的题啦！"那个老顽童一样狡黠的笑，是老马那张可爱的老脸最招牌的神情。

课上，老马常常嗓音沙哑，语气平缓，严肃有余，但在某些要点处，却脑门沁汗，声调抑扬澎湃，大臂开合，语速像是快板。每有师生意见相左的情况，他便脱掉西服，挽起袖子，仿佛要干什么重活一样，与那位争得面红耳赤。下面同学立马分成两派，一派帮老师驳斥同学，一派为同学争辩得声嘶力竭……而最后不论结果，老马总会竖起拇指，重重说声"好样的"，和缓处，他照旧在黑板上细细画图，稳稳地口讲指画。

联欢会上，有个模仿他人招牌神情的环节，正好老马也参加进来，不承想屏幕上却是他自己的照片，要模仿自己，这可把他难住了，表演半天，那个背对屏幕猜这是哪一位的同学还是没有头绪。我快步上前，把衣服往后一撩，双手叉腰，同学哄笑一声立马就猜出来是老马了，一片掌声。老马也忍俊不禁："能把老师的形象记在心中，比我自己还了解自己，这就是我的弟子啊！记住，学习就不要怕困难，克服了就是好样的！”这最后一句话，就是在安慰模拟考试不利的我呀！我不禁心头一热，才发现，那动人的温度就藏在老马那看似板着的面孔背后，那后面的期待是那样厚重而温暖。

这，就是我的老师，老马。

（学生习作）

整本书阅读

湘行散记

⊙沈从文

阅读导航

故乡，一个人类永远无法逾越的情感话题。它是一个人最纠结的神经，最无解的思绪！著名作家沈从文凭借一颗诚心、一支洪笔，在婉转的橹歌声中，用最干净的文字，塑造了自己纯美的故乡——湘西世界。这就是《湘行散记》。

《湘行散记》本是因沈母病危，沈从文匆匆赶回湘西路中所作。他与妻子张兆和约定，每天给她写一封信，报告沿途所见所闻。因此汇集成册，是为《湘行散记》。正因为内心对家乡的热爱，沈从文散文中的家乡风景都那么有人情味，风俗人情都很惬意。

澄澈纯净的沅水之间，一片明朗朴野的湘西风光，这么美的湘西，值得我们去看一看，了解一下那里的风土人情。风景犹在，故人不存，《湘行散记》作为一部真实记录返乡见闻的散文集，作者在留恋赞叹故乡人事风景的同时，更流露出对故乡人事变化的隐忧和对湘西人精神状态的悲悯叹惋。

沈从文（1902—1988），原名岳焕，字崇文，湖南凤凰人，中国著名作家、历史文物研究者。创作中影响较大的是乡土小说，主要表现士兵、船夫和湘西少数民族的生活，富有人情美和风俗美，代表作有《边城》《湘西》《从文自传》等。晚年著有《中国古代服饰研究》一书，填补了中国服饰文化研究的空白。有《沈从文全集》行世。

精彩选篇

鸭窠围的夜（节选）

天快黄昏时落了一阵雪子，不久就停了。天气真冷，在寒气中一切都仿佛结了冰。便是空气，也像快要冻结的样子。我包定的那一只小船，在天空大把撒着雪子时已泊了岸，从桃源县沿河而上这已是第五个夜晚。看情形晚上还会有风有雪，故船泊岸边时便从各处挑选好地方。沿岸除了某一处有片沙岨[1]宜于泊船以外，其余地方全是黛色如屋的大岩石。石头既然那么大，船又那么小，我们都希望寻觅得到一个能做小船风雪屏障，同时要上岸还方便的处所。凡是可以泊船的地方早已被当地渔船占去了。小船上的水手，把船上下各处撑去，钢钻头敲打着沿岸大石头，发出好听的声音，结果这只小船，还是不能不同许多大小船只一样，在正当泊船处插了篙子，把当作锚头用的石碇[2]抛到沙上去，尽那行将来到的风雪，摊派到这只船上。

这地方是个长潭的转折处，两岸是高大壁立千丈的山，山头

---

① 沙岨（jū）：沙土覆盖的石山。岨，带土的石山。

② 石碇（dìng）：系船的石礅。

上长着小小竹子，长年翠色逼人。这时节两山只剩余一抹深黑，赖天空微明为画出一个轮廓。但在黄昏里看来如一种奇迹的，却是两岸高处去水已三十丈上下的吊脚楼。这些房子莫不俨然悬挂在半空中，借着黄昏的余光，还可以把这些稀奇的楼房形体，看得出个大略。这些房子同沿河一切房子有个共通相似处，便是从结构上说来，处处显出对于木材的浪费。房屋既在半山上，不用那么多木料，便不能成为房子吗？半山上也有用吊脚楼形式，这形式是必须的吗？然而这条河水的大宗出口是木料，木材比石块还不值价。因此，即或是河水永远涨不到处，吊脚楼房子依然存在，似乎也不应当有何惹眼惊奇了。但沿河因为有了这些楼房，长年与流水斗争的水手，寄身船中枯闷成疾的旅行者，以及其他过路人，却有了落脚处了。这些人的疲劳与寂寞是从这些房子中可以一律解除的。地方既好看，也好玩。

河面大小船只泊定后，莫不点了小小的油灯，拉了篷。各个船上皆在后舱烧了火，用铁鼎罐[①]煮红米饭。饭焖熟后，又换锅子熬油，哗的把菜蔬倒进热锅里去。一切齐全了，各人蹲在舱板上三碗五碗把腹中填满后，天已夜了。水手们怕冷怕动的，收拾碗盏后，就莫不在舱板上摊开了被盖，把身体钻进那个预先卷成一筒又冷又湿的硬棉被里去休息。至于那些想喝一杯的，发了烟瘾得靠靠灯，船上烟灰又翻尽了的，或一无所为，只是不甘寂寞，

① 鼎罐：卵圆形铁罐，炊具。烧饭时置于三脚铁架上，形似商鼎。

好事好玩想到岸上去烤烤火谈谈天的，便莫不提了桅灯，或燃一段废缆子，摇晃着从船头跳上了岸，从一堆石头间的小路径，爬到半山上吊脚楼房子那边去，找寻自己的熟人，找寻自己的熟地。陌生人自然也有来到这条河中，来到这种吊脚楼房子里的时节，但一到地，在火堆旁小板凳上一坐，便是陌生人，即刻也就可以称为熟人乡亲了。

这河边两岸除了停泊有上下行的大小船只三十左右以外，还有无数在日前趁融雪涨水放下形体大小不一的木筏。较小的木筏，上面供给人住宿过夜的棚子也不见，一到了码头，便各自上岸找住处去了。大一些的木筏呢，则有房屋，有船只，有小小菜园与养猪养鸡栅栏，还有女眷和小孩子。

黑夜占领了全个河面时，还可以看到木筏上的火光，吊脚楼窗口的灯光，以及上岸下船在河岸大石间飘忽动人的火炬红光。这时节岸上船上都有人说话，吊脚楼上且有妇人在暗淡灯光下唱小曲的声音。什么人家吊脚楼下有匹小羊叫，固执而且柔和的声音，使人听来觉得忧郁。我心中想着："这一定是从别一处牵来的，另外一个地方，那小羊的母亲，一定也那么固执地鸣着吧。"算算日子，再过十一天便过年了。"小羊明不明白只能在这个世界上活过十天八天？"明白也罢，不明白也罢，这小羊是为了过年而赶来，应在这个地方死去的。此后固执而又柔和的声音，将在我耳边永远不会消失。我觉得忧郁起来了。我仿佛触着了世界上一点东西，看明白了这世界上一点东西，心里软和得很。

这时节天气太冷，大门必已上好了，屋里一隅或点了小小油灯，屋中土地上必就地掘了浅凹火炉膛，烧了些树根柴块。火光煜煜[1]，且时时刻刻爆炸着一种难于形容的声音。火旁矮板凳上坐有船上人、木筏上人，有对河住家的熟人。且有虽为天所厌弃还不自弃年过七十的老妇人，闭着眼睛蜷成一团蹲在火边，悄悄地从大袖筒里取出一片薯干或一枚红枣，塞到嘴里去咀嚼。有穿着肮脏、身体瘦弱的孩子，手擦着眼睛傍着火旁的母亲打盹。屋主人有为退伍的老军人，有翻船背运的老水手，有单身寡妇。借着火光灯光，可以看出这屋中的大略情形，三堵木板壁上，一面必有个神龛[2]，神龛下空处或另一面，必贴了一些大小不一的红白名片。这些名片倘若有那些好事者加以注意，用小油灯照着，去仔细检查检查，便可以发现许多动人的名衔，军队上的连副、上士、一等兵，商号中的管事，当地的团总、保正、催租吏，以及照例姓滕的船主，洪江的木排[3]商人，与其他各行各业人物，无所不有。这是近一二十年来经过此地若干人中一小部分的题名录。这些人各用一种不同的生活，来到这个地方，且同样地来到这些屋子里，坐在火边或靠近床边，逗留过若干时间。这些人离开了此地后，在另一世界里还是继续活下去，但除了同自己的生活圈子中人发生关系以外，与一同在这个世界上其他的人，却

① 煜（yù）煜：明亮、炽盛的样子。

② 神龛（kān）：供奉神像或祖宗牌位的小阁子。

③ 木排：筏子。

仿佛便毫无关系可言了。他们如今也许早已死掉了，水淹死的，枪打死的，然而这些名片却依然将好好地保留下去。也许有些人已成了富人名人，成了当地的小军阀，这些名片却仍然写着催租人、上士等衔头。……除了这些名片，那屋子里是不是还有比它更引人注意的东西呢？锯子、小捞兜、香烟大画片、装干栗子的口袋……

提起这些问题时使人心中很激动。我到船头上去眺望了一阵。河面静静的，木筏上火光小了，船上的灯光已很少了，远近一切只能借着水面微光看出个大略情形。另外一处的吊脚楼上，又有了妇人唱小曲的声音，灯光摇摇不定，且有猜拳声音。我认识他们的哀乐，这一切我也有份。看他们在那里把每个日子打发下去，也是眼泪也是笑，离我虽那么远，同时又与我那么相近。这正是同读一篇描写西伯利亚方面的农人生活动人作品一样，使人掩卷引起无言的哀戚。我如今只用想象去领味这些人生活的表面姿态，却用过去一分经验，接触着了这种人的灵魂。

滕回生堂的今昔

我六岁左右时害了疳积[1]，一张脸黄僵僵的，一出门身背后就有人喊“猴子猴子”。回过头去搜寻时，人家就咧着白牙齿向

① 疳（gān）积：中医指小儿面黄肌瘦、腹部膨大的病，多由饮食没有节制或腹内有寄生虫引起。

我发笑。扑拢去打吧，人多得很。装作不曾听见吧，那与本地人的品德不相称。我很羞愧，很生气。家中外祖母听从佣妇、挑水人、卖炭人与隔邻轿行老妇人出主意，于是轮流要我吃热灰里焙过的偷油婆[①]、使君子[②]，吞雷打枣子木的炭粉、黄纸符烧纸的灰渣，诸如此类药物。另外还逼我诱我吃了许多古怪东西。我虽然把这些很稀奇的丹方试了又试，蛔虫成绞成团地排出，病还是不得好，人还是不能够发胖。照习惯说来，凡为一切药物治不好的病，便同“命运”有关。家中有人想起了我的命运，当然不乐观。

关心我命运的父亲，特别请了一个卖卦算命的土医生来为我推算流年，想法禳解命根上的灾星。这算命人把我生辰干支排定后，就向我父亲建议：“大人，把少爷拜给一个吃四方饭的人作干儿子，每天要他吃习皮草蒸鸡肝，有半年包你病好。病不好，把我回生堂牌子甩了丢到长河潭里去！”

父亲既是个军人，毫不迟疑地回答说：“好。就照你说的办。不用找别人，今天日子好，你留在这里喝酒，我们打了干亲家吧。”

两个爽快单纯的人既同在一处，我的命运便被他们派定了。

一个人若不明白我那地方的风俗，对于我父亲的慷慨处会觉得稀奇。其实这算命的当时若说“大人，把少爷拜寄给城外碉堡旁大冬青树吧”，我父亲还是会照办的。一株树或一片古怪石头，收容三五十个寄儿，照本地风俗习惯，原是件极平常事情。且有

① 偷油婆：蟑螂。

② 使君子：中药名，有消积杀虫的功效，可用于治疗蛔虫病。

人拜寄牛栏拜寄井水的，人神同处日子竟过得十分调和，毫无龃龉[1]。

我那寄父除了算命卖卜以外，原来还是个出名的草头医生，又是个拳棒家。尖嘴尖脸如猴子，一双黄眼睛炯炯放光，身材虽极矮小，实可谓心雄万夫。他把铺子开设在一城热闹中心的东门桥头上，字号名“滕回生堂”。那长桥两旁一共有二十四间铺子，其中四间正当桥垛墩，比较宽敞，许多年以前，他就占了有垛墩的一间。住处分前后两进，前面是药铺，后面住家。铺子中罗列有几百种草药，成束成把的草根木皮，堆积如山，一屋中也就长年为草药蒸发的香味所笼罩。

铺子里间房子窗口临河，可以俯瞰河里来回的柴炭船、米船、甘蔗船。河身下游约半里，有了转折，因此迎面对窗便是一座高山。那山头春夏之际作绿色，秋天作黄色，冬天则为烟雾包裹时作蓝色，为雪遮盖时只一片炫目白色。屋角隅陈列了各种武器，有青龙偃月刀、齐眉棍、连枷、钉耙。此外还有一个似桶非桶似盆非盆的东西，原来这是我那寄父年轻时节习站功所用的宝贝。他学习拉弓，想把腿脚姿势弄好，每个晚上蜷伏到那木桶里去熬夜。临到应考时，却被一个习武的仇人揭发他身份不明，取消了考试资格。他因此赌气离开了家乡，来到武士荟萃的凤凰县卖卜行医。为人既爽直慷慨，且能喝酒划拳，极得人缘，生涯也就不恶。

① 龃龉（jǔ yǔ）：上下牙齿不相对应，比喻意见不合，相抵触。

作了医生尚舍不得把那个木桶丢开，可想见他还不能对那宝贝忘情。

他家中有个太太，两个儿子。太太大约一年中有半年都把手从大袖筒缩到衣里去，藏了一个小火笼在衣里烘烤，眯着眼坐在药材中，简直是一只大猫。两个儿子大的学习料理铺子，小的上学读书。两老夫妇住在屋顶，两个儿子住在屋下层桥墩上。地方虽不宽绰，那里也用木板夹好，有小窗小门，不透风，光线且异常良好。桥墩尖劈形处，石罅里有一架老葡萄树，得天独厚，每年皆可结许多球葡萄。另外还有一些小瓦盆，种了牛膝、三七、铁钉菜、隔山消等草药。

桥墩离水面高约四丈，下游即为一潭，潭里多鲤鱼鳜鱼。两兄弟把长绳系个钓钩，挂上一片肉，夜里垂放到水中去，第二天拉起就常常可以得一尾大鱼。但我那寄父却不许他们如此钓鱼，以为那么取巧，不是一个男子汉所当为。虽然那么骂儿子，有时把钓来的鱼不问死活依然扔到河里去，有时也会把鱼煎好来款待客人。他常奖励两个儿子过教场去同兵将子弟寻衅打架，大儿子常常被人打得头破血流回来时，做父亲的一面为他敷那秘制药粉，一面就说："不要紧，不要紧，三天就好了。你怎么不照我教你那个方法把那苗子放倒？"说时有点生气了，就在儿子额角上一弹，加上一点惩罚，看他那神气，就可明白站木桶考武秀才被屈，报仇雪耻的意识还存在。

我得了这样一个寄父，我的命运自然也就添了一个注脚，便是“吃药”了。我从他那儿大致尝了一百样以上的草药。假若我此后当真能够长生不老，一定便是那时吃药的结果。我倒应当感谢我那个命运，从一分吃药经验里，因此分别得出许多草药的味道、性质以及它们的形状。且引起了我此后对于辨别草木的兴味。其次是我吃了两年多鸡肝。这一堆药材同鸡肝，显然对于此后我的体质同性情都大有影响。

那桥上有洋广杂货店，有猪牛羊屠户案桌，有炮仗铺与成衣铺，有理发馆，有布号与盐号。我既有机会常常到回生堂去看病，也就可以同一切小铺子发生关系。我很满意那个桥头，那是一个社会的雏形，从那方面我明白了各种行业，认识了各样人物。凸了个大肚子胡须满腮的屠户，站在案桌边，扬起大斧“嚓”的一砍，把肉剁下后随便一称，就猛向人菜篮中掼去，“镇关西”式人物，那神气真够神气。平时以为这人一定极其凶横蛮霸，谁知他每天拿了猪脊髓到回生堂来喝酒时，竟是个异常和气的家伙！其余如剃头的、缝衣的，我同他们认识以后，看他们工作，听他们说些故事新闻，也无一不是很有意思。我在那儿真学了不少东西，知道了不少事情。所学所知比从私塾里得来的书本知识当然有趣得多，也有用得多。

那些铺子一到端午时节，就如我写《边城》故事那个情形，河下竞渡龙船，从桥洞下来回过身时，桥上有人用叉子挂了小百子鞭炮悬出吊脚楼，噼噼啪啪地响着。夏天河中涨了水，一看上游流下了一只空船，一匹牲畜，一段树木，这些小商人为了好义或好利的原因，必争着很勇敢地从窗口跃下，凫水去追赶那些东西。不管漂流多远，总得把那东西救出。关于救人的事，我那寄父总不落人后。

民国二十二年旧历十二月十九日，距我同那座大桥分别时将近十二年，我又回到了那个桥头了。这是我的故乡，我的学校，试想想，我当时心中怎样激动！离城二十里外我就见着了那条小河。傍着小河溯流而上，沿河绵亘数里的竹林，发蓝叠翠的山峰，白白阳光下造纸坊与制糖坊，水磨与水车，这些东西皆使我感动得厉害！后来在一个石头碉堡下，我还看到一个穿号褂的团丁，送了个头裹孝布的青年妇人过身。那黑脸小嘴高鼻梁青年妇人，使我想起我写的《凤子》故事中角色。她没有开口唱歌，然而一看却知道这妇人的灵魂是用歌声喂养长大的。我已来到我故事中的空气里了，我有点儿痴。环境，空气，我似乎十分熟悉，事实上一切都已十分陌生！

见大桥时约在下午两点左右，正是市面最热闹时节。我从群苗人一群乡下人中拥挤上了大桥，各处搜寻后没有发现“滕回生堂”的牌号。回转家中我并不提起这件事。第二天一早，我得了出门的机会，就又跑到桥上去，排家注意，终于在桥头南端，被我发现了一家小铺子。铺子中堆满了各样杂货，货物中坐定了一个瘦小如猴干瘪瘪的中年人。从那双眯得极细的小眼睛，我记起了我那个干妈。这不是我那干哥哥是谁？

我冲近他身边时，那人就说：

“唉，你要什么？”

“我要问你一个人，你是不是松林？”

里间屋孩子哭起来了，顺眼望去，杂货堆里那个圆形大木桶里，正睡了一对大小相等仿佛孪生的孩子。我万万想不到圆木桶还有这种用处，我话也说不来了。

但到后我告给他我是谁，他把小眼睛愣着瞅了我许久，一切弄明白后，便慌张得只是搓手，赶忙让我坐到一捆麻上去。

“是你！是茂林！”……“茂林”是我干爹为我起的名字。

我说：“大哥，正是我呀！我回来了！老人家呢？”

“五年前早过世了！”

“嫂嫂呢？”

“六月里过去了！剩下两只小狗。”

“保林二哥呢？”

“他在辰州，你不见到他？他做了局长，有出息，讨了个乖巧屋里人，乡下买得三十亩田，做员外！”

我各处一看，卦桌不见了，横招不见了，触目皆是草药。

“你不算命了吗？”

“命在这个人手上，”他说时翘起一个大拇指，“这里人已没有命可算！”

“你不卖药了吗？”

“城里有四个官药铺，三个洋药铺。苗人都进了城，卖草药人多得很，生意不好做！”

他虽说不卖药了，小屋子里其实还有许多成束成捆的草药。而且恰好这时就有个兵士来买专治腹痛的“一点白”，把药找出给人后，他只捏着那两枚当一百的铜圆，向我呆呆地笑。大约来买药的也不多了，我来此给他开了一个利市。

他一面茫然地这样那样数着老话，一面还尽瞅着我。忽然发问：

“你从北京来南京来？”

“我在北平做事！”

“做什么事？在中央，在宣统皇帝手下？”

我就告诉他，既不在中央，也不是宣统手下。他只做成相信不过的神气，点着头，且极力退避到屋角隅去，俨然为了安全非如此不成。他心中一定有一个新名词作祟：“你可是个共产党？”他想问却不敢开口，他怕事。他只轻轻地自言自语说：“城内前年杀了两个，一刀一个。”

有人来购买烟签，他便指点人到对面铺子去买。我问他这桥上铺子为什么都改成了住家户。他就告我，这桥上一共有十家烟馆，十家烟馆里还有三家可以买黄吗啡。此外又还有五家卖烟具的杂货铺。

一出铺子到城边时，我就碰着烟帮过身。两连护送兵各背了本地制最新半自动步枪，人马成一个长长队伍，共约三百二十余担黑货，全是从贵州来的。

我原本预备第二天过河边为这长桥摄一个影留个纪念，一看到桥墩，想起目前那十家烟馆三家烟具店，这桥头的今昔情形，把我照相的勇气同兴味全失去了。

一九三四年十二月作

阅读规划

《湘行散记》以还乡历程为“线”，以小船停泊处为“点”，点线相连，徐徐向我们展开了一幅湘西山水长卷。

在书中，我们能看到，每当黄昏薄暮，落日西沉，天上暮云为余晖所炙，呈一片深紫时，大帮货船从上而下，摇船人泊船近岸，悠然唱响催橹歌声，回荡在薄雾渐起的河面……这样缓缓流淌的生动景致让沈从文大为感动。他的心中似乎毫无渣滓，透明烛照，对万汇（万物，万类）百物，对拉船人与小小船只，对一切十分温暖地爱着！

文中浸透了作者深沉、真挚的感情，这种情感从他对人生独到的体验中流出，具有强烈的感人力量，使《湘行散记》流溢着牵动人心的光彩。

作者回乡走的是水路，一路上的见闻都与水边人物有关，书中写到的人物除了水手，还有矿工、农民、兵士、土匪等。在这些平凡的人物身上，寄寓了作者对人性的庄严思考 。

沈从文的语言简洁澄明，返璞归真。读他的文字，同学们会走进这块神奇的土地，领略似水的湘西风情。

其实，阅读活动就其实质而言，是一种寻求理解和自我理解的过程，是读者与作品的对话交流活动。“一千个读者就有一千个哈姆雷特”说的就是这个意思。作品的意义不仅仅蕴含在作品中，还应该是同学们根据自己的生活经验和情感体验独立地感知、理解的。

请大家结合以上简介，参照表格，完成对下面几篇文章的阅读。

文章标题	计划阅读起止时间	阅读心印 （可从你最喜欢的人物、让你感触最深的一件事来谈）	完成情况
鸭窠围的夜			
滕回生堂的今昔			
一个戴水獭皮帽子的朋友			
虎雏再遇记			
一个爱惜鼻子的朋友			
辰河小船上的水手			
五个军官与一个煤矿工人			
老伴			
桃源与沅州			
箱子岩			
一九三四年一月十八			

交流平台

任务一：沈从文在《鸭窠围的夜》中通过对水手人性美的描写，使这个夜晚更加美丽迷人。一个漫长、寂寥、寒冷的夜，经沈从文的描绘、渲染、想象、点化，火光与杂声综合，交织了庄严与流动，一切真是胜境，成为一首优美的小夜曲。“人性”之光的点点灯火永远闪烁，温暖着寒夜中人们的心房。《鸭窠围的夜》是人类永恒的夜，它以不可言说的魅力将人们带入一个神圣而高远的境界。

请同学们思考，本文中作者是怎样呈现湘西水手的生活状况的？重点写了什么内容？

任务二：一生坎坷的沈从文，1992年魂归故里，被安葬在他的家乡——湘西凤凰。在他的墓碑背面，刻有四句话：“不折不从，星斗其文；亦慈亦让，赤子其人。”这是对他人生境界的高度概括，可谓恰如其分。四句话的最后一个字连起来，是“从文让人”，联系沈从文的人生际遇，这四个字耐人寻味。

沈从文的《湘行散记》描绘了故乡湘西的美丽风光，写下了那些普通人物的喜怒哀乐，写下了原汁原味的百姓生活。沈从文的笔，是暖的。从他的笔下，可以体会到人性的美。请结合“精彩选篇”中的两篇文章，谈谈你对沈从文的认识或读完文章后的收获与感受。

敬启

为编好这本书，我们与收入本书的作品（含图片）作者进行了广泛联系，得到了各位作者的大力支持。在此，我们表示衷心的感谢。但是，由于个别作者地址不详，虽经多方努力，仍无法取得联系。敬请各位有著作权的作者尽快与我们联系，以便我们支付稿酬，并致谢忱！

我们还要感谢使用本书的师生们。希望你们在使用本书的过程中，能够及时把意见和建议反馈给我们，对此，我们深表谢意，并将给予一定奖励。让我们携起手来，共同完成本书的建设工作。

联 系 人：梁老师　张老师

联系电话：010-58022100

联系邮箱：ztxx2008@sina.com

网　　址：http://www.ywztxx.com

地　　址：北京市海淀区知春路7号致真大厦A座18层

图书在版编目（CIP）数据

百味人生 / 刘颖异主编. — 上海 : 上海教育出版社, 2021.6

ISBN 978-7-5720-0815-3

Ⅰ. ①百… Ⅱ. ①刘… Ⅲ. ①阅读课—初中—教学参考资料 Ⅳ. ①G634.333

中国版本图书馆CIP数据核字（2021）第142047号

责任编辑 朱剑茂 顾 翊
封面设计 陈丽娟 王艺霖
著作权人 北京华樾教育科技有限公司

百味人生

刘颖异 主编

出版发行 上海教育出版社有限公司
官 网 www.seph.com.cn
地 址 上海市永福路 123 号
邮 编 200031
印 刷 阳谷毕升印务有限公司
开 本 720×1010 1/16 印张 66
字 数 900千字
版 次 2021年8月第1版
印 次 2021年8月第1次印刷
书 号 ISBN 978-7-5720-0815-3/G·0631
定 价 268.00元

如发现质量问题，请向本社调换 电话 021-64377165